INVANDRING...

...på vinst och förlust

Lars-Arne Sjöberg

Utgivna böcker av samma författare:

1. Vårt dagliLga bröd giv oss...i morgon?
2. Fossil energi på väg ut
3. Nu blir vi digitaliserade
4. Framtidstro eller klimatångest
5. Såga, bränna, koka eller...?
6. 193 spännande forskningsnyheter
7. Året är 2050
8. Avfall – resurs eller problem?
9. De nya svenskarna
10. Dagens och morgondagens kemiteknik
11. Textilier - idag och i morgon
12. Onödig vetande
13. Svensk kemiindustri
14. Sverige ett land i förändring
15. Lantis eller stadsbo
16. Sverigebilden – vår egen och andras
17. Kemiindustrin – En framtidsbransch?
18. Jordens undergång eller bara ett hack i kurvan
19. Plast på fel plats – I havet och på land
20. Kemikaliejordbruk eller ekologiskt jordbruk
21. Mat från jord och vatten
22. Fossilbil eller fossilfri bil
23. Äta insekter är inte bara en fluga
24. Klockan är fem i tolv – vad väntar du på?
25. Flyktingar på väg – Vad möts de av?

Bild omslag: https://pixabay.com/sv/images/download/map-of-the-world-1005413_1920.jpg?attachment&modal

Förlag: BoD – Books on Demand, Stockholm, Sverige
Tryck: BoD – Books on Demand, Norderstedt, Tyskland

ISBN: 978-91-8007-801-6

FSC
www.fsc.org
MIX
Papper från
ansvarsfulla källor
Paper from
responsible sources
FSC® C105338

1. INLEDNING

Invandringen är för mej inte en ekonomisk fråga. Invandringen är en humanitär fråga. Många har råkat födas i fel land, där levnadsförhållandena blivit så eländig att de inte ser en möjlighet till en framtid. Det är ett svårt beslut att välja att fly. Man lämnar hem, hembygd, släktingar, vänner m.m. Vi är skyldiga att möta den lilla rännil av flyktingfloden, som når ända till oss i Sverige. Vi måste lämna den bekvämlighetsbubbla som omger oss och öppna famnen för dessa nya svenskar. Eller för att använda Fredrik Reinfeldts ord: *Öppna era hjärtan*

Man frestas tro att de som är kritiska till invandrare istället för att stå för denna åsikt väljer man att lyfta fram ekonomiska skäl. Det är inte politiskt korrekt att ha invändningar mot de asylsökande som personer, utan man väljer att lyfta fram kostnaderna.

Vi är ungefär 800 svenskar per asylsökande 2020. Det borde vi klara av.

Hur är flyktingsituationen i världen?

- I slutet av 2020 befann sig 82,4 miljoner människor på flykt i världen.
- Fyra av fem flyktingar i världen befinner sig i grannländer till ursprungslandet.

- 11,2 miljoner människor tvingades fly under 2020.
- 29,6 miljoner flyktingar, som har tvingats fly från sina hemländer, har korsat en nationsgräns.
- 4,2 miljoner asylsökande är människor som väntar på beslut på sina asylansökningar. En del får en biljett tillbaka till det land, som de flydde från.

Vad kostar detta? Detta är en vanlig fråga som vi möter i våra liv. Inte minst funderar många på vad det kostar det svenska samhället att ta emot en ström av flyktingar, som blivit en högst påtaglig del av vårt lands befolkning.

Det finns ett stort antal olika analyser, som kommit till olika resultat. I vissa fall kan man frestas tro att man först definierar vad man vill ha för resultat och anpassar analysen därefter.

Vill man redovisa att migrationen är dyr har man ett snävt tidsperspektiv. De ger inte invandraren chans att genom framtida skatt *betala tillbaka* vad staten satsat på dem initialt.

Det kommer säkert att riktas kritik mot denna boks innehåll. Det har varit svårt att välja ut adekvata underlag, men alla uppgifter i denna bok finns dokumenterat av andra författare. Urvalet står jag för.

Ambitionen är att försöka tydliggöra de olika uppfattningar, som finns i denna komplexa fråga och är en spegling av den massmediala debatten. Framställningen är referat av olika massmediala källor.

Varje artikel har årtalet angivet för att tydliggöra vad som var känt när den nya artikeln skrevs.

Vi kan urskilja olika typer av invandring (2020)

Kvotflyktingar

Regeringen har gett Migrationsverket i uppdrag att överföra 5 000 kvotflyktingar till Sverige under året. Dessutom får myndigheten i uppdrag att överföra de kvotflyktingar som på grund av pandemin inte kunde föras över 2020.

Asylsökande flyktingar

För att en asylsökande ska bli folkbokförd krävs att personen har ett uppehållstillstånd som gäller i minst 12 månader. Först då räknas personen som invandrad i Sverige och ingår i befolkningsstatistiken.

Arbetskraftinvandring

Arbetskraftsinvandring behövs för att avhjälpa kompetensbrist, öka näringslivets konkurrenskraft och kompensera för att varannan kommun i Sverige står inför en negativ befolkningstillväxt.

Anhöriginvandring

Anhöriginvandring, eller anknytningsinvandring, är när en

person vill flytta till eller stanna i Sverige på grund av att den har en anhörig som är svensk medborgare eller har uppehållstillstånd i Sverige.

Invandring från EES-länder

Arbetskraftsinvandringen från EU/EES har ökat i Sverige under 2000-talet. Främsta orsaken är EU:s utvidgning som har inneburit att fler länder omfattas av den fria rörligheten för arbetstagare. Arbetskraftsinvandringen till Sverige från andra EU-länder kommer främst från Polen, Tyskland och Slovakien.

Forskare, doktorander o.dyl.

I dag har cirka 40 procent av alla doktorander och cirka 75 procent av alla med så kallad meriteringsanställning (en anställning man har inom en viss tid efter doktorsexamen) i Sverige utländsk bakgrund. De utgör en oerhört viktig resurs för Sveriges framtida forskning.

Olika skäl för uppehållstillstånd[1]

En person som vill bosätta sig i Sverige och som är medborgare i ett land utanför EU måste ansöka om uppehållstillstånd. Att få uppehållstillstånd i Sverige betyder att man har rätt att leva och bo här. Uppehållstillståndet kan antingen vara permanent eller tidsbegränsat. En person som är medborgare i ett land utanför EU och som vill flytta till en familjemedlem i Sverige behöver ett uppehållstillstånd. Som familjemedlem räknas make eller maka, registrerad partner eller sambo samt barn under 18 år.

I Sverige redovisa antalet i olika kategorier (2020):

• Anknytning	29 511
• Arbetsmarknad	32 382
• Asyl	10 471
• EES	5 776
• Forskare, doktorander m. m.	10 889
Totalt	89 009

Dessutom invandrade 1 660 hemvändande svenskar.

2. MIGRATIONSEKONOMI

Resultaten blir mycket varierande eftersom varje kalkyl bygger på ett antal antagande.

Att neka en invandrare asyl på grund av att invandringen har blivit en belastning för staten Sverige eller att landet har nått upp till en viss volym invandrare är ett avslagsargument som saknar stöd i lagen.

Man brukar beräkna vad invandringen kostar och ställer dessa kostnader i relation till andra behov inom samhället.

Ibland tar vi i anspråk offentliga medel och ibland bidrar vi ekonomiskt med våra skatter så att vi kan hjälpa andra. Kan en människa vara en belastning? För vem? Varför? Skulle så vara fallet så är det väl snarast fel på det svenska samhället och inte på invandraren. En invandrare ska inte behöva anse sig som en belastning.

Vi vet inte vad som ligger bakom invandrarens beslut att ge sig iväg från hem, släktingar, hembygd och ge sig ut på en farlig resa, och man kommer kanske till ett land där man inte är välkommen. Har de lyckats ta sig till vårt land, så ska vi känna stolthet. Vi bor i ett land, som personer söker sig till och inte från.

Hur mycket pengar får nyanlända personer som fått asyl?[2]

Personer som har fått uppehållstillstånd har rätt att få etableringsinsatser utifrån en etableringsplan i högst två år.

För att få full ersättning krävs deltagande på heltid i svenskundervisning, arbetsförberedande insatser och samhällsorientering. Syftet med detta är att integrera de nyanlända i samhället.

Etableringsersättningen varierar beroende på i vilken utsträckning den nyanlända deltar i etableringsplanen. Vid deltagande på heltid ligger ersättningen på 308 kr per dag, fem dagar i veckan.

- 100 procent = 308 kr/dag
- 75 procent = 231 kr/dag
- 50 procent = 154 kr/dag
- 25 procent = 77 kr/dag

Etableringstillägg

En nyanländ som får etableringsersättning och har barn som bor hemma kan även få etableringstillägg. Barnen måste vara under 20 år, vara bosatta och folkbokförda i samma bostad, stå eller har stått under den nyanländas vårdnad och kan inte försörja sig själv. Storleken på etableringstillägget beror på antal barn och barnens ålder.

- 800 kr/månad per barn under 11 år
- 1 500 kr/månad per barn från 11 år

Som mest går det att få etableringstillägg för tre barn. Om en person har fler än tre barn räknas de tre äldsta. Etableringstillägget är maximalt 4 500 kr/månad.

Bostadsersättning

Nyanlända asylsökande som bor ensamma i egen bostad kan få bostadsersättning. Om man delar bostad eller är inneboende hos någon har man inte rätt till bostadsersättning. Det är även möjligt att få bostadsersättning om man har barn som bara bor ibland i samma bostad.

3 900 kr/månad är det maximala belopp som betalas ut i bostadsersättning. Bostadsersättningen är lika mycket som hyran minus 1 800 kr och kan som mest uppgå till det maximala beloppet. Om man får bostadsbidrag eller bostadstillägg kan man få mindre än så.

Tillgång till samma välfärdsrättigheter som svenskar

Personer som har uppehållstillstånd i Sverige omfattas också av samma rättigheter till välfärdssystemet som alla andra svenskar.

Att göra en exakt kostnadsberäkning är nästan omöjligt.

Varje kalkyl bygger på ett antal antagande. Resultaten blir därför mycket varierande. Man kan inte bara redovisa kostnader utan måste även beräkna intäkterna.

En viktig fråga är vilket tidsperspektiv man analyserar. Ser man invandringen som en process som sträcker sig från själva ankomsten till exv. kommunplaceringen så får man ett resultat. Lägger man till ett framtida yrkesliv fram till pensionen så får man ett annat resultat. Under ett arbetsliv fram till pensioneringen så bidrar utrikesfödda mer till samhällsekonomin än vad de kostar. Invandrarna är kraftigt överrepresenterade i åldersgrupperna 20–40 år och underrepresenterade bland de äldre åldersgrupperna.

Det finns några olika kalkyleringssätt:

- Relatera kostnaden till en viss procent av BNP.
- Utgå från olika poster i budgetpropositionen och proportionera budgetposten utifrån invandrarnas del (c:a 17 procent) av det svenska samhället.
- Beräkna olika kostnadsområdena, som kan härledas till integration.

Exempel på faktorer som påverkar kalkylen:

- Åldern påverkar hur länge personen kan förväntas arbeta och bidra till det svenska samhället.

- Hur snabbt kommer de in i arbetslivet?
- Utbildning påverkar vad som samhället måste satsa på personens skolgång.
- Hälsan påverkar framtida kostnader för hälsovård.
- Barn kommer medföra kostnader för skolgången i ett antal år.
- De som driver eget företag med flera anställda kommer att bidra till det svenska samhället genom att de anställda arbetar och betalar skatt.
- Läkare, tandläkare, sjuksköterska eller apotekare behöver legitimationsgivande utbildning och vad innebär dennes arbetsinsats och i hur många år är dessa yrkesverksamma?
- Hur många anhöriginvandrare kommer invandringen att medföra?
- Hur stora blir kostnaderna för de bostäder, som måste byggas för de nya svenskarna?
- Hur stora är kostnaderna för asylmottagningen, flyktingförläggningar, svenskundervisningen, Migrationsverket, polisen, jurister, tullare, handläggare m.m.?
- Har vi undanträngningseffekter dvs. kostnader som uppstår då svenskar trängs undan av invandrare när invandrare tar i anspråk resurser som annars hade kunnat disponeras av svenskar, som till exempel jobb och bostäder.

För att göra allt detta mer komplicerat kan man tillfoga

- Alla personer, som jobbar med flyktingfrågorna betalar skatt och på de varor som konsumeras betalas moms.
- Även invandrare som arbetar betalar skatt och alla konsumerar och betalar moms.

Man kan inte betrakta en statsbudget på samma sätt som en hushållsbudget. När vi gör en hushållsbudget så försvinner allt vi betalar för tjänster och varor *försvinner* ut ur hushållet. De kostnader, som invandringen för med sig stannar kvar inom landet och används till löner och produkter i det svenska samhället.

Man kan konstatera att flyktinginvandringen det senaste året har ökat sysselsättningen i Sverige med ungefär två procent. Omräknat i siffror betyder det 160.000–189.000 fler arbetstillfällen, där arbetstagare betalar skatt och moms tillbaka till staten[3].

I frågan om vad flyktinginvandringen kostar har många olika förslag presenterats. Man måste ta i beräkningen att bakom varje kalkyl ligger en värdering[4].

Dick Harrison, professor i historia skriver[5]:

- *Invandringens långsiktiga följdverkningar bör lyf-*

tas fram och hyllas. Invandringen har gett Sverige en demografisk, kulturell och ekonomisk nettovinst som svårligen kan överskattas. I dag kan vi vara innerligt tacksamma för att de "utlenske männen" kom hit.

Sverigedemokraterna fortsätter sin invandrarkritiska politik. Dick Harrison kan tänka sig tre olika anledningar:

- Usla historiekunskaper.
- En rasistisk vilja att *bevara Sverige svenskt*.
- En dumhet som grundar sig i kortsiktighet, i en tendens att inte tänka längre än näsan räcker och därför stirra sig blind på de kostnader som en human flyktingpolitik uppgår till i nuläget.

Även OECD[6] slår fast att migranter i världens rika länder bidrar mer via skatter än de får från bidrag.

SD ljuger om invandrarkostnader – Statskontoret säger ifrån[7]

Sverigedemokrater visar att de har svårt för det här med siffror och fakta. Det är betydligt mer underhållande att använda sin fantasi och skapa en egen värld än att förhålla sig till verkligheten.

Myten om höga kostnader för invandrare har blivit krossad, liksom Sverigedemokraternas fiktiva värld, ett flertal gånger. Det måste svida långt in i trovärdigheten.

- Det är fel att definiera invandrarna som ett problem. Det är i stället en tillgång, som vi ska vara rädda om. I dag utgörs migrantströmmarna till 70 procent av unga, starka män, medan kvinnor och barn blir kvar i undermåliga flyktingläger.
- I medias bilder ser det alltid ut att vara tvärtom, eftersom hjärtskärande bilder på gråtande barn väcker känslor.
- Problemet är i dag EU:s oförmåga att få alla medlemsländer att acceptera en kvotfördelning baserat efter landets ekonomi.

Andelen företagare är högre bland utrikesfödda än bland inrikes födda (2013)

I nedanstående visar att andelen företagare är förhållandevis hög bland de utrikes födda.

Företagare som procent av sysselsatta 16-64 år[8]

	Inrikes födda kvinnor	Inrikes födda män	Utrikes födda kvinnor	Utrikes födda män
2005	5,0	13,9	6,8	14,9
2010	5,7	13,4	7,8	14,7
2015	5,3	12,5	6,7	11,0
2020	5,2	12,4	4,8	10,5

3. VAD TYCKER DE SVENSKA PARTIERNA?

Är invandringen en belastning?

Det finns många olika uppfattningar om invandringen. Detta syns i partiernas i olika princip/partiprogram. Moderatledaren Ulf Kristersson har uttryck sig så här i debatten:

- *Jag tycker inte att man generaliserande ska prata om människor som en belastning* (Febr.2021)
- *Det är uppenbart att invandringen i Sverige har blivit en belastning* (Juli 2021)

Uppfattningarna förändras, men invandringsfrågan är ingen dagslända. Vi kommer att leva med denna fråga – oavsett vad vi tycker – i många år framöver.

Över 400 europeiska experter har graderat de svenska partierna i en skala från 0 till 10. 0 är extremt för invandring, alltså negativa till lagar som begränsar invandringen. 10 är extremt emot invandring, alltså positiva till lagar som begränsar invandringen (Riksdagsval.info)[9].

- **Miljöpartiet**

  Experter bedömer att Miljöpartiet är väldigt mycket för invandring (1,3).

  Miljöpartiet de gröna har en vision om en värld

utan gränser, där alla människor kan flytta, och ingen tvingas fly. Vi tror inte på länders rätt att välja sina invånare, vi tror på människors rätt att välja var de vill bo. Vi ska möta människor med möjligheter, inte murar. Alla ska kunna leva, arbeta och förverkliga sina drömmar där de önskar. Fri rörlighet borde vara en mänsklig rättighet.(Miljöpartiets partiprogram)

- **Vänsterpartiet**

Experter bedömer att Vänsterpartiet är mycket för invandring (1,5).

Sverige ska föra en human flykting- och asylpolitik där varje asylsökande garanteras rätten till en individuell prövning under värdiga omständigheter och med generösa kriterier för flyktingskap och asyl (Vänsterpartiets partiprogram)

- **Centerpartiet**

Experter bedömer att Centerpartiet är mycket för invandring (1,9).

Centerpartiet strävar efter öppna gränser, fri rörlighet samt en generös och human flykting- och invandringspolitik. För ett parti som bygger sina värderingar på alla människors lika rätt och värde finns inget annat logiskt ställningstagande än att verka för en värld där människor kan röra sig fritt över gränserna. (Centerpartiets idéprogram).

- **Liberalerna**

  Experter bedömer att Liberalerna är varken för eller emot invandring (4,5).

  Vår vision är att fri rörlighet världen över erkänns som en mänsklig rättighet. Som liberaler strävar vi efter att stegvis förverkliga det långsiktiga målet om en värld där människor kan röra sig fritt utan politiska hinder och där var och en själv kan bestämma var han eller hon ska söka skydd, bo och arbeta. Under överskådlig tid ska Sverige ha reglerad invandring (Liberalernas partiprogram).

- **Socialdemokraterna**

  Experter bedömer att Socialdemokraterna är lite emot invandring (6,3).

  Sverige ska erbjuda en trygg fristad åt människor som tvingas fly från förföljelse och våld. Vi vill ha en generös och reglerad invandring. /.../ Vi anser att EU ska ta ett gemensamt ansvar för asyl- och migrationsfrågorna. Alla som söker skydd inom EU ska garanteras likvärdig behandling enligt solidaritetens och humanitetens principer (Socialdemokraternas partiprogram).

- **Kristdemokraterna**

  Experter bedömer att Kristdemokraterna är mycket emot invandring (7,8).

  Sverige kan bäst verka för en generös och human flyktingpolitik genom att samarbeta med andra stater. Därför bör EU:s medlemsländer ha en gemensam och generös flyktingpolitik, som tar hänsyn till människors skyddsbehov och där humanitära skäl väger tungt (Kristdemokraternas principprogram).

- **Moderaterna**

  Experter bedömer att Moderaterna är mycket emot invandring (8,0)

  Moderaterna värnar asylrätten och vill att Sverige tillhör de länder som tar ett stort ansvar och undsätter människor som är i nöd. Lika fullt är Moderaterna angelägna om att andra länder tar sitt ansvar. När flyktingströmmarna tilltar är det rimligt att EU:s medlemsstater fördelar ansvaret mellan sig på ett sätt så att alla bidrar likvärdigt (Moderaternas idéprogram)

- **Sverigedemokraterna**

  Experter bedömer att Sverigedemokraterna är extremt emot invandring (9,8).

  > *Sverigedemokraterna motsätter sig inte invandring, men menar att invandringen måste hållas på en sådan nivå och vara av en sådan karaktär att den inte utgör ett hot mot vår nationella identitet eller mot vårt lands välfärd och trygghet* (Sverigedemokraternas principprogram).

4. VAD VARJE MÄNNISKA BÖR KÄNNA TILL OM INVANDRING, FLYKTINGAR OCH EXISTERANDE LÖGNER[10]

Johan Ehrenberg och ekonomen Sten Ljunggren har i en rapport från ETC visat att Sverige inte har något problem med invandrarna, men med rasisterna. Lögnerna krossas en efter en med hjälp av siffror från OECD, FN och EU.

Johan Ehrenberg, född 1957 är en svensk journalist, publicist, företagare, debattör och författare. Ehrenberg är vd för produktionsbolaget ETC Utveckling som bland annat ger ut tidningen ETC[11].

Sten Ljunggren, född 1951, är en svensk företagsekonom, författare och medlem i Socialistiska partiet. Ljunggren är verksam vid Uppsala universitet vid Företagsekonomiska institutionen. Han är också ekonomiskribent i tidskriften ETC.[12]

Endast ett fåtal av deras påstående redovisas här. Gå gärna till källan!

- Det är inte sant att påstå att Sverige är ett annorlunda land som tagit emot fler människor födda i andra länder än andra.
- Det är falskt att påstå att ökad invandring begränsar tillväxten.
- Det är falskt att påstå att ökad invandring ger högre arbetslöshet.
- Invandring sänker inte löner.
- Det är falskt att påstå att ökad invandring begränsar reallöneökningarna.
- Alla rika OECD-länder har inkomstklyftor vilka inte beror på invandring.
- I alla rika OECD-länder har inkomstklyftorna ökat de senaste 30 åren.
- Invandring orsakar inte budgetunderskott.
- Det påstås att invandringen gröper ur statsfinanserna och det borde i så fall synas tydligt i de olika gruppernas utveckling. Men det finns inget sådant samband alls.
- De flesta länder i OECD:s rapport har mer än tio procent av de boende i landet som är födda i annat land.
- USA, som är det land som många tror har mest invandring, ligger på ungefär samma nivå som

Tyskland och Norge. Alltså runt 13 procent. Österrike, Belgien och Sverige ligger nära 15 procent.

- Australien, Kanada, Nya Zeeland är länder med hög andel utlandsfödda. Över 20 procent är medborgare är född i annat land.
- Fattiga länder som Mexiko, Grekland, Slovakien och Ungern har färre invandrare. Få invandrar dit där det finns få jobb eller där man inte är välkommen.

5. VILKA KOMMER HIT?

Vem kommer till Sverige? Tar de svenskarnas jobb? Det finns en uppfattning att så är fallet. Men ärligt talat – är det i många fall sådana jobb, som svenskarna inte vill ha.

Invandring till Sverige (2021)[13]

År 2016 var den totala invandringen den högsta någonsin. Sedan dess har invandringen minskat, och under 2020 var invandringen den lägsta sedan 2005.

Efter andra världskriget och fram till mitten av 1970-talet hade Sverige främst arbetskraftsinvandring. Under de senaste åren har allt fler kommit hit från krigsdrabbade länder för att söka asyl. Under åren 2014-2018 var personer födda i Syrien den vanligaste invandringsgruppen. De senaste två åren är det vanligast att personer födda i Sverige invandrar. Det vill säga personer som tidigare utvandrat och sedan återinvandrar till landet.

Alla som flyttar hit och blir folkbokförda räknas in i statistiken om invandring.

Antal invandrade per år från år 2000

Ett stort antal asylsökande ett år leder ofta till att invandringen ökar året därpå. Det beror på att asylsökande räknas som invandrade först när de har fått uppehållstillstånd och folkbokfört sig i Sverige. Under 2015 hade Sverige det högsta antalet asylsökande någonsin. Det var också därför den totala invandringen nådde en rekordnivå 2016. Då invandrade över 163 000 personer.

Eftersom många asylsökande fick vänta länge på beslut om att få stanna låg invandringen även 2017 på en hög nivå. Effekten började klinga av 2018.

Invandringen bidrar mest till folkökningen

Invandringen är det som bidrar mest till folkökningen just nu. 65 procent av folkökningen under 2020 berodde på att fler personer invandrade än utvandrade. Resten berodde på att det föddes fler än det dog.

Vanligaste födelseländerna bland personer som invandrade 2020

Födelseland	Kvinnor	Män	Totalt
1. Sverige	5 737	5 923	11 660
2. Indien	1 754	2 307	4 061
3. Syrien	1 723	1 570	3 293
4. Polen	951	1 579	2 530
5. Pakistan	965	1 476	2 441
6. Tyskland	1 299	1 094	2 393
7. Irak	1 042	1 229	2 271
8. Afghanistan	999	1 271	2 270
9. Storbritannien	799	1 285	2 084
10. Iran	1 010	1 072	2 082

Vilka är de största invandrargrupperna?
Bland dem som invandrar finns personer som är födda i Sverige och återvänder efter en tid utomlands. År 2019-2020 var det den största invandrargruppen.

Tar de våra jobb? Är inte förteckning exempel på jobb, som är föga intressanta för oss svenskar?

Yrke	Totalt	Antal Inrikes Födda	Antal utrikes Födda	Andel Utrikes Födda
Pizzabagare m.fl.	3 600	770	2 830	79 %
Övrig hemservicepersonal m.fl.	3 270	1 020	2 250	69 &
Översättare, tolkar och lingvister m.fl.	3 000	1 230	1 770	59 %
Städare	73 420	31 330	42 090	57 %
Doktorander	9 730	4 800	4 930	51 %
Buss- och spårvagnsfö-rare	23 830	12 300	11 530	48 %
Taxiförare m.fl.	11 330	5 990	5 330	47 %
Maskinoperatörer, blek-ning, färgning och tvätt-ning	3 030	1 620	1 410	46 %
Koreografer och dansare	370	210	170	45 %
Forskarassistenter m.fl.	2 870	1 620	1 240	43 %
Slaktare och styckare m.fl.	3 400	1 930	1 470	43 %
Städledare och husfruar	2 450	1 430	1 020	42 %
Övriga skönhets- och kroppsterapeuter	890	520	370	42 %

Maskinoperatörer, kött- och fiskberedningsindustri	4 460	2 630	1 840	41 %
Restaurang- och köksbiträden m.fl.	68 140	41 580	26 560	39 %
Totalt	4 270 900	3 537 000	733 900	17 %

När det gäller arbetstillstånd ser det ut enligt följande:

Yrke	Antal	Andel
Bärplockare och plantörer m.fl.	3 490	22,9%
It-arkitekter, systemutvecklare och testledare m.fl.	2 511	16,5%
Snabbmatspersonal, köks- och restaurangbiträden m.fl.	994	6,5%
Skogsarbetare	777	5,1%
Ingenjörer och tekniker	667	4,4%
Städare och hemservicepersonal m.fl.	628	4,1%
Civilingenjörsyrken	609	4,0%
Kockar och kallskänkor	547	3,6%
Snickare, murare och anläggningsarbetare	481	3,2%
Växtodlare inom jordbruk och trädgård	343	2,3%
Övriga	4 185	27,5%
TOTAL	15 232	

Medborgar-Skap	Antal	Var-av män inkl poj-kar	Varav kvinnor inkl. flickor	Varav barn inkl. en-sam-kom-mande barn	Varav ensam-kom-mande
1. Syrien	1 208	644	564	439	108
2. Uzbekistan	826	687	139	91	
3. Irak	782	482	300	235	10
4. Iran	604	307	297	148	6
5. Afghanistan	593	361	232	263	85
6. Ukraina	559	401	158	34	
7. Eritrea	526	227	299	164	25
8. Mongoliet	461	235	226	122	3
9. Somalia	443	277	166	158	69
10. Turkiet	412	267	145	132	2
	12 991	7 910	5 081	3 566	500

Vad har de för utbildning?

Ålder		Befokning (antal)	Förgym-nasial ut-bildning (andel)	Eftergym-nasial ut-bildning, minst tre år (andel)
25-34 år	Inrikes födda	1 028 000	8,0%	30,0%
	Utrikes födda	369 000	19,0%	32,0%
35--44 år	Inrikes födda	908 000	7,0%	38,0%
	Utrikes födda	361 000	20,0%	32,0%
45-54 år	Inrikes födda	1 051 000	8,0%	24,0%
	Utrikes födda	289 000	21,0%	26,0%
55-64 år	Inrikes födda	932 000	15,0%	19,0%
	Utrikes födda	219 000	24,0%	22,0%
Totalt		5 157 000	12,1%	27,9%

Inrikes födda	3 919 000	9,4%	27,6%
Utrikes födda	1 238 000	20,6%	28,8%

I ovanstående tabell redovisas utbildningsnivån bland flyktingar från några krigsdrabbade länder. Tyvärr saknas uppgifter från var tredje invandrare.

Beviljade arbetstillstånd 2020[14]

Yrke	Antal
Chefsyrken	324
Militära yrken	8
Service-, omsorgs- och försäljningsyrken	1 111
Yrken inom administration och kundtjänst	323
Yrken inom byggverksamhet och tillverkning	1 272
Yrken inom lantbruk, trädgård, skogsbruk och fiske	1 170
Yrken inom maskinell tillverkning och transport m.m.	202
Yrken med krav på fördjupad högskolekompetens	4 037
Yrken med krav på högskolekompetens eller motsvarande	1 325
Yrken med krav på kortare utbildning eller introduktion	5 409
Övrigt	50
TOTALT	15 31

6 RAPPORTER OCH BÖCKER

Under åren har ett antal utredningar gjorts om kostnader för invandringen. Gemensamt för nedanstående rapporter är att alla räknat på olika sätt och kommit till olika slutsatser.

I det följande ges sammanfattande referat med avsikten att ge en överblick av vad som skrivs i denna aktuella fråga

Efter rapportpresentationerna finns ett antal bemötande och kritiserande av dessa rapporter.

6.1 Rapport: Invandringen och de offentliga finanserna (2009)

Författare: Jan Ekberg

Jan Ekberg, född 1942, är en svensk nationalekonom och professor. Ekberg blev 1983 filosofie doktor i nationalekonomi vid Växjö högskola där han disputerade på avhandlingen Inkomsteffekter av invandring. Han har sedan 1981 varit verksam vid Växjö högskola, från 1998 som professor i nationalekonomi.

Många länder står inför en demografisk utveckling som kommer att sätta press på de offentliga finanserna. Det gäller även Sverige.

Invandring kan vara ett medel för att underlätta försörjningen av en åldrande befolkning. Erfarenheten är att invandrare har en ålderssammansättning med låg andel åldringar och hög andel i förvärvsarbetande åldrar. Så tycks fallet vara i alla invandringsländer och oberoende av om invandringen är arbetskraftsinvandring eller flykting- och anhöriginvandring. Om alla har ungefär samma sysselsättningsgrad kan det förväntas att invandringen är ekonomiskt gynnsam för de infödda i bemärkelsen att den offentliga sektorn i sin helhet för inkomster från invandrare till infödda.

Avsikten är att studera vilken betydelse en förändrad invandring har för de offentliga finanserna. Simuleringar med en detaljerad modell över den offentliga sektorns ekonomi kvantifierar effekterna av en förändrad invandring samt betydelsen av invandrarnas integrering på arbetsmarknaden.

Analysen avser den omfördelning som skett under ett enskilt år (2006) och omfördelningen fram till år 2050 med utgångspunkt i Statistiska centralbyråns (SCB) befolkningsprognos.

Därtill kommer andra ekonomiska effekter av invandring som t.ex. effekten på ekonomisk tillväxt.

Även om den här rapporten fokuserar på de ekonomiska effekterna av invandring är det självklart så att det finns andra viktiga skäl för invandring än ekonomiska.

Det Ekberg beräknar att invandrarbefolkningen bidrog

2006 med 175 miljarder kronor i skatteintäkter och sociala avgifter. Utgifterna för samma grupp låg på 220 miljarder kronor.

Till detta lägger Ekberg ytterligare sex miljarder kronor för invandrares del av skattefinanserierade offentliga investeringar. Då blir kostnaderna 50 miljarder kronor.

Kommentarer till ovanstående rapport:

6.1.1 Invandringens kostnader uträknade för offentligt för offentlig sektor (2013)[15]

En gammal undersökning från Uppsala Universitet indikerar att invandringen hamnar på 40-50 miljarder, en annan studie hamnar på 100 miljarder och ytterligare annan också på 100 miljarder.

Regeringens expert professor Ekberg beräknade kostnaderna först på 26 miljarder men hade räknat fel och indikerade 1.5-2% av BNP.

Professor Bo Södersten hamnade över 70 miljarder och lektor Lars Jansson på 267 miljarder.

Professor Bo Södersten
Söderstens främsta forskningsområde var utrikeshandelsteori. Han var också en flitig deltagare i ekonomisk-politisk debatt. Södersten var under 1960- och 70-talen känd som en av Sveriges ledande vänsterekonomer.

Univ.lektor Lars Jansson
Han var ekonomie licentiat och var från 1970-talet anställd som universitetslektor vid Handelshögskolan vid Göteborgs universitet.

Ekbergs analys har ansetts vara mest seriös sanktionerad på högsta ort och oomstridd.

Ekberg har dock inte lyckats särskilja vanlig invandring som går med plus och asylinvandringens stora minus.

Den offentliga sektorns totala nettokostnad per flykting uppgår till ca 190 000 kr första året efter folkbokföring. Sju år efter folkbokföring uppgår denna kostnad till ca 95 000 kr per flykting.

Ekberg studerar sysselsättning bland och påverkan på offentliga finanser av flyktingar från Afrika, Mellanöstern och övriga Asien. Omkring 50 procent av flyktingarna var sysselsatta sju år efter folkbokföring i Sverige. Den totala offentliga nettokostnad per flykting uppgår till ca 190 000 kr första året efter folkbokföring, men sju år efter folkbokföring hade denna kostnad sänkts till ca 95 000 kr per flykting.

När den offentliga konsumtion, som på kort sikt kan antas vara oförändrad vid en ökad flyktinginvandring exkluderas, uppgår den offentliga sektorns totala nettokostnad per flykting till ca 125 000 kr första året efter folkbokföring.

6.1.2 Invandringen kostar Sverige 40 miljarder om året (2016)[16]

- *Debatten bör handla mer om migration som en positiv kraft än vad den kostar samhället,* svarar migrationsminister Tobias Billström (m).
- *Man måste kunna räkna på det som allt annat. Det var ju nyligen ett fall i Bromölla där man föreslog att man skulle räkna på vad invandringen skulle kosta för kommunen och det tycker jag är helt rimligt,* säger samhällsdebattören och statsvetaren Stig-Björn Ljunggren (s).

Fast det beror på hur man räknar.

- *När det gäller mjuka fluffiga saker som arbetslöshet och sjukskrivningar finns det olika sätt att räkna på. Som all annan ekonomisk aktivitet så går det säkert att räkna åt bägge håll beroende på vilka parametrar man väljer,* säger Stig-Björn Ljunggren.

Han anser dock att man absolut kan räkna på vad invandrare kostar samhället.

- *Jag tycker det är rimligt.*
- Varför är det så känsligt?

- *De politiska partierna i Sverige har ju länge försökt att undvika att tala om de här frågorna. Men när man dämpar då kommer känslorna som folk har tryckt ner – för att de vill vara väluppfostrade – finns ändå där.*
- *Så fort man börjar pratar om någonting tabubelagt kommer saker och ting upp till ytan. Till mit--ten av sjuttiotalet var det inte tillåtet att säga knulla i tv – det är det ju i dag och vi ser ju vad som har hänt också.*

Oavsett vad folk tycker om tabun bör de analyseras och diskuteras, anser Stig-Björn Ljunggren.

- *Argumentet är att vi lever i ett samhälle som ska vara transparent.*

Vilka andra grupper kan man räkna på?

- *Alla möjliga. Pensionärer som bosätter sig i Spanien och åker hem igen när de ska bli behandlade. Vi skulle kunna räkna på Stockholm kontra Norrland, vad det kostar att ha Skåne i Sverige eller vad det kostar Skåne att ha Sverige?*

Invandringens kostnader har granskats av bl.a. Jan Ekberg, professor i nationalekonomi vid Växjö universitet. Han har räknat på vad invandringen kostat sedan sjuttiotalet. Han har studerat invandrarnas ställning på arbetsmarknaden, hur den har förändrats över tid samt hur den offentliga sektorn har fördelat kostnaden mellan infödda och invandrare.

- *På 60- och 70-talet var det så att invandrare hade en gynnsam ålderssammansättning. De flesta var i förvärvsarbetande åldrar och dessutom gick de ut på arbetsmarknaden omedelbart*, säger Jan Ekberg.

Invandrarnas sysselsättningsläge har försämrats sedan 1970-talet. Bottenläget nåddes på nittiotalet men det har blivit en förbättring de senaste tio åren.

- *Fortfarande är arbetslösheten högre bland invandrarna men deras ålderssammansättning är mer gynnsam än bland de infödda.*

Invandringen har gått från att vara en arbetskraftsinvandring på sextiotalet, till flykting- och anhöriginvandring. Gruppen invandrare har fortfarande en lägre ålder än infödda svenskar.

- *Bara två till tre procent är över 65 år och bland den infödda befolkningen är det 18 procent*, säger han.

Men den höga arbetslösheten motverkar den gynnsamma ålderssammansättningen.

- *Det har nu slagit över åt det andra hållet. Det blir en kostnad för de infödda i form av skatter och socialförsäkringsavgifter. Den mellanskillnaden på årsbasis är cirka 40 miljarder kronor.*

- Hur har du räknat?
- *I de beräkningarna har jag inte tagit hänsyn till rikare kulturutbud eller fler maträtter. Jag har räknat kallhamrat på den offentliga sektorns utgifter och inkomster. Alla poster i den offentliga utgiftssidan och sedan sett hur mycket de har betalat i skatter och socialförsäkringsavgifter.*

6.2 Rapport: OECD: Invandring en lönsam affär för skattebetalare (2013)[17]

OECD slår fast att migranter i världens rika länder bidrar mer via skatter än de får från bidrag.

I den ekonomiska samarbetsorganisationen OECD:s senaste migrationsrapport har man försökt uppskatta migrationens ekonomiska inverkan på 27 medlemsländer.

- *Det viktigaste budskapet vi har är att migranter har en positiv och som värst en neutral påverkan på ekonomin,* sade Angel Gurría, generalsekreterare för OECD här han tillsammans med EU:s inrikeskommissionär Cecilia Malmström och sysselsättningskommissionär László Andor presenterade sin årliga rapport om migration.

OECD fann att migranthushåll i de flesta av de 27 undersökta länderna, däribland Sverige, i genomsnitt bidrar till statskassan med motsvarande drygt 28.000 kronor per år netto. För Sveriges del är siffran 7.800 kronor per hushåll som består av migranter.

I de stora migrantländerna Frankrike och Tyskland innebär migranterna istället en nettokostnad. Enligt OECD beror detta på den stora andelen äldre migranter i dessa länder som får pension.

I bland annat Storbritannien bidrar dessutom migranter mer till statskassan än vad infödda gör. Största bidraget gör enligt OECD:s studie *blandade* hushåll som består av minst en infödd och en migrant.

Migranter bidrar dock i genomsnitt mindre till de undersökta länderna än infödda. Det är en hög andel migranter som inte arbetar och således inte betalar skatt. En viktig uppgift för EU-länderna, menar Angel Gurría, är att få in fler migranter på arbetsmarknaden, framför allt i länder som Sverige, Belgien och Frankrike som redan har etablerade migrantgrupper.

Migrationen till EU-länderna har under de två senaste åren åter ökat. Ökningen beror på att fler EU-medborgare flyttar inom unionen.

- *En ihållande svag tillväxt och hög arbetslöshet i Grekland, Irland, Portugal och Spanien har drivit migranter till andra europeiska länder som Tyskland där de ekonomiska förutsättningarna är bättre,* sade Angel Gurría.

Krisen har slagit hårdare mot migranter än mot infödda. Medan arbetslösheten i genomsnitt stigit med tre procent för infödda har den ökat med fem procent för utlandsfödda i de 34 OECD-länderna sedan 2008.

Mellan 2007/2008 och 2010 ökade migranthushållens nettobetalningar till svenska statskassan med motsvarande 5 650 kronor per år medan den för infödda minskade med motsvarande 8 500 kronor.

- *Vi behöver migranter,* sade Cecilia Malmström och pekade på EU:s åldrande och minskande befolkning så väl som på ett kunskapsunderskott vilket inte bara gäller högutbildade utan även till viss del låg- och mellanutbildade.

Kommentarer till ovanstående rapport:

6.2.1 Rapport: OECD: Invandringen en nettokostnad när samtliga budgetposter räknas in (2013)

En ny rapport från OECD visar enligt DN att invandringen är en statsfinansiell vinst för Sverige. Det är tvärs emot tidigare utredningar.

OECD har inte visat att invandring är en vinst för den svenska staten. När alla offentliga utgifter är inkluderade visar OECDs egen beräkning att invandring är en förlust för den svenska staten på 0.57% av BNP.

Här är endast ca 60% av offentliga utgifter inkluderade. Kostnader av infrastruktur, näringspolitik, rättsväsende, etc som totalt motsvarar ca 40% av offentliga utgifter ignoreras i beräkningen.

OECD tar inte med dessa och att det är oklart exakt hur mycket invandring påverkar kostnader för exempel infrastruktur eller rättsväsende. En stor del av de offentliga kostnaderna helt enkelt inte tagits med. Slutsatsen är att invandringen ser ut att vara en knapp vinst.

Om OECD inkluderar alla offentliga kostnader och intäkter så är slutsatsen att invandrare betalar in mindre till staten än kostnaden.

En sammanfattning av Jan Ekbergs resultat från den hitintills mest detaljerade studien av invandringens statsfinansiella konsekvenser för Sverige:

Man har även slagit ihop arbetskraftsinvandring från

- Norden och Västeuropa (mycket lönsam)
- flykting och anhöringsinvandring från tredje värl-

den (ej lönsam).

Vinsterna från den förstnämnda döljer delvis kostnaderna från det senare när man slår ihop grupperna.

6.2.2 Räkna inte invandringen i vunna kronor (2013)

Själva grunden för vår migrationspolitik måste utgå från att vi vill värna mänskliga rättigheter och av omtanke om våra medmänniskor. Man vill peka ut just invandrare som en börda för samhället.

Man frågar inte vad värmlänningar kostar samhället. De är säkert minst lika *dyra* som invandrarna. Vad är sanningen om kostnaderna för männen?

OECD:s rapport är matnyttigt för politiker och byråkrater, men den är inte mycket att luta sig mot för den som vill bekämpa rasism.

Av rapporten framgår att i Sveriges fall ligger samhällsvinsten på cirka hundra euro per invandrarhushåll och år. Bara i fem av OECD-länderna är invandringen en nettokostnad i direkta bidrag. I Tyskland och Polen kostar invandringen runt 6 000 euro per år och invandrarhushåll.

6.2.3 Invandring – en plusaffär för samhället? (2013)[18]

OECD har undersökt ekonomiskt plus och minus för invandringen i 27 länder och kommer efter kreativ sifferexercis fram till att den innebär en ekonomisk vinst för flertalet undersökta länder, om än en marginell sådan.

Även för Sverige hävdar OECD, i motsats till alla andra utredningar som gjorts, att invandringen lönar sig.

Genom att ta med den för Sverige lönsamma invandringen de första decennierna efter kriget kan OECD även redovisa en positiv siffra för vårt land. Det handlar dock ändå om någon enstaka blygsam tusenlapp per år.

Till dessa kommer mer svårmätbara samhällskostnader som invandringens konsekvenser ger upphov till, exempelvis:

- minskad trygghet när kriminaliteten och de sociala problemen ökar,
- minskad sammanhållning när den etniska/religiösa splittringen och balkaniseringen ökar,
- religiös radikalisering,
- kulturkrockar,
- urholkning av värdegrund med flera värden som handlar om medborgarnas livskvalitet men kan vara svåra att mäta i kronor och ören.

Den som studerar OECD-rapporten närmare skall säkert finna fler kreativa räkneexempel och resonemang som förklaring till hur man kommit fram till sin politiska slutsats för att försöka undergräva den i många europeiska länder allt starkare kritiken mot den kraftigt ökande utomvästliga massinvandringen.

6.2.4 Invandring en plusaffär för samhället (2013)[19]

En ny OECD-rapport som genomförts i 27 länder, däribland Sverige visar att invandringen är en plusaffär för samhället.

Det är vanligare att invandrare betalar in mer till samhället genom skatter och avgifter, än vad de får tillbaka genom till exempel bidrag och pensioner.

I 5 av de 27 länder som undersöktes blev invandrarna en nettokostnad - bland annat i Tyskland. Detta beror på de höga kostnaderna för pensioner till invandrare som kom efter andra världskriget från Östeuropa med tyska pass. Räknas pensionerna bort går invandringen med ett stort plus i Tyskland, skriver dn.se.

OECD-rapporten, som bygger på fakta från åren 2007-2009, och är unik i sitt slag.

Belastar inte skyddsnätet

- *Vi har funnit att i värsta fall är migrationen skattemässig neutral, och i många länder är den positiv.*

Migranter betalar mer i skatt än vad de kostar samhället eftersom det ofta är unga människor som inte belastar det sociala skyddsnätet, säger Alex Lazarowicz, migrationsforskare vid tankesmedjan European Policy Centre (EPC) till SVT Nyheter.

I Sverige beräknas varje invandrare tillföra landet cirka 800 euro.

Många kan ha fel

Undersökningen visar alltså att många politiska partier som varnar för kostnaden med invandring kan ha fel.

- *När omkostnaderna för flyktingar är något högre och den totala invandringen är skattemässigt neutral eller positiv, så utgör arbetskraftsinvandrarna nästan helt säkert en ekonomisk vinst,* säger Alex Lazarowicz.

6.2.5 OECD Invandringen en nettokostnad när samtliga budgetposter räknas in (2015)[20]

En generös flyktinginvandring kostar ungefär lika mycket som biståndet. Och det har vi råd med anser nationalekonomen Joakim Ruist.

Joakim Ruist är nationalekonomen och han har genomfört en studie om flyktinginvandringens kostnader.

- *Många av skribenterna tyckte först att "nu ska vi se vad det är för fel på det här, det är klart att han underskattat kostnaderna". Men så kommer det in några i diskussionen som faktiskt hade läst och säger "men kom igen nu, den här killen verkar vara seriös".*
- *Han har också fått många mejl och kommentarer på sin blogg och har ägnat dagar åt att svara alla, ibland i flera vändor. Han ser det som folkbildning.*

Ett exempel är en man som skriver att han är skeptisk och som listar en massa kostnader som han utgår ifrån inte är medräknade.

Joakim Ruist arbetar vid Handelshögskolan i Göteborg och han har visat i sin studie är att flyktinginvandringen år 2007 kostade nästan exakt lika mycket som biståndet, en procent av BNP per år eller 32,5 miljarder.

Det är betydligt mindre än vad exempelvis Sverigedemokraterna hävdar och samtidigt är det en ren vinst för samhället. Joakim Ruist har sedan räknat upp summan med 1,35 eftersom flyktingbefolkningen har vuxit med 35 procent på dessa åtta år.

- *Jag säger att det kostar 50 miljarder, och det är bättre än att SD säger flera hundra miljarder eller att Magdalena Andersson säger att det är en vinst.*

Han menar att det är bra att jämföra med biståndet. Vi låter det kosta. Joakim Ruist är tydlig med att han själv är för en generös flyktinginvandring.

- *Men alla vi som tycker att flyktinginvandring ska vara generös, vi ska komma ihåg att det en humanitär insats. Vi ska inte leta efter några andra skäl att hänga upp det på. Det är en jätteviktig poäng! Ett sådant skäl kan till exempel vara att invandringen egentligen skulle vara en ekonomisk vinst för samhället. Men så är det inte, menar Joakim Ruist. Flyktinginvandring är inte ekonomiskt lönsam – beroende på att det tar så lång tid för flyktingar att komma i arbete.*

Och han anser det viktigt att tala om kostnaderna, eftersom det får människor att tro att fakta undanhålls dem.

- *Det är jätteviktigt att företrädare för det offentliga Sverige börjar tänka på detta. Okej, det är kanske lite obehagligt att erkänna att stor flyktinginvandring för med sig kostnader. Men börja tala om det med ett vettigt språk, så finns det nog en stor grupp människor som skulle sluta vända sig emot er,* säger han med udden riktad mot politikerna.

- *Idén till att göra studien fick han inför valet 2014, där frågan om flyktinginvandring kom rejält i fokus för första gången på många år eftersom Sverigedemokraterna drev på hårt. Joakim Ruist konstaterar att frågan inte varit så het sedan 1994, när vi hade en stor flyktinginvandring från Balkan.*
- *För bara några år sedan var frågan inte särskilt aktuell. Då var flyktinginvandringen mycket lägre och vi hade inte den typen av diskussioner i det offentliga Sverige.*

Det Joakim Ruist nu har gjort är att han *tagit fram nettokostnaden för flyktinginvandringen eller den offentliga sektorns nettoomfördelning från den övriga befolkningen till gruppen flyktingar och deras anhöriga.*

En invandrare som kommer hit som ung och börjar arbeta snabbt, blir en vinst eftersom samhället inte behövt betala för skolgång och de första improduktiva tjugo åren.

Flyktingmotståndare ser gärna på utgifterna, att flyktingar skulle kosta så mycket mer än övriga befolkningen i form av sjukvård, socialbidrag och kriminalvård.

På en punkt kostar flyktingar till och med mycket mindre än andra invånare. Få av dem har pension eftersom så få är gamla. Det finns vissa felkällor i hans beräkningar, bland annat osäkerhet om hur stor återvandringen är, men Joakim Ruist tror att han i så fall snarare överdrivit kostnader än underskattat dem.

Det läggs då och då fram studier som hävdar att invandring är ekonomiskt lönsam, bland annat en ofta citerad studie från OECD. Men den ger inte Joakim mycket för.

- *OECD-studien är inget att ha. Den är standardiserad för att passa i tjugo länder och det finns mer djuplodande studier från respektive länder. Forskare på området citerar inte den studien.*

Sandvikens kommun lät revisionsbyrån PwC utreda invandringens kostnader och kommit fram till att kommunen tjänade 500 miljoner årligen på de flyktingar som bor i kommunen.

- *Det tog mig tre sekunder att förstå att det här är vansinne, man kan inte tjäna pengar av de proportionerna. Det är som att säga att så fort du har fött ett barn så har du gett Sverige en vinst på ett antal miljoner, eftersom det barnet kommer att få lön under sitt liv. Men så kan man inte räkna.*

6.2.6 Invandringen en bra affär för Sverige (2015)[21]

Vad kostar invandringen till Sverige? Sverigedemokraterna vill veta. I väntan på en statlig utredning kan vi granska OECD:s omfattande granskning som med stor sannolikhet gör partiets vänner mycket besvikna.

Den visar att invandringen till OECD-länderna är en bra affär för respektive statskassa. Resultatet visar tydligt att frågan är fel ställd. För 22 av dessa 27 länder är det inte frågan om kostnader över huvud taget. Invandrare betalar mer till stat och kommun än vad de får tillbaka i form av till exempel socialbidrag och pensioner.

Sverigedemokraternas påstår att invandringen är en ekonomisk påfrestning, vilket är lätt att avfärda. Hur ska den 90-procentiga minskningen av invandringen som partiet förespråkar nu motiveras?

Denna nya kunskap påverkar tyvärr inte Sverigedemokraternas opinionsframgångar. Deras styrka är inte främst sakliga argument.

Alla som kommer till Sverige lever inte på bidrag. Invandringen gör inte att *Sverige går på knäna* som Kent Ekeroth (SD) brukar hävda.

6.2.7 Vad kostar invandringen? (2014)[22]

OECD kom förra året, 2013, ut med en rapport där de granskade migrationens ekonomiska inverkan på 27 länder. Ett av dem var Sverige.

I genomsnitt bidrog varje migranthushåll med 28.000 kronor till statskassan varje år i respektive land, för Sverige låg siffran på 7.800 kronor per hushåll, enligt OECD:s rapport.

Men. OECD-rapporten har fått kritik, bland annat av Jan Ekberg, professor i nationalekonomi.

- *Jag gissar att de har räknat på en del utgifter som borde ligga på invandrare men som de inte har räknat med. På intäktssidan så har man räknat med allt*, säger Jan Ekberg.

Han hänvisar till en ESO-rapport från 2009 som han själv skrivit som pekar på andra siffror.

- *Där finns i dag ett underskott när det gäller invandring och den årliga kostnaden ligger på 1,5-2 procent av bruttonationalprodukten,* säger Ekberg. *Summan landar på 40-60 miljarder per år.*

Samtidigt säger Jan Ekberg själv att kostnaden till stor del hänger på hur stor del av invandrade personer som arbetar.

6.3 Rapport: Invandringens konsekvenser för ekonomisk tillväxt[23] (2014)

Författare: Maria Eriksson Frilansskribent, Stefan Fölster Chef för Reforminstitutet

Invandring innebär en stor belastning på statsbudgeten

Om de är negativa eller positiva beror till stor del på hur väl arbetsmarknaden tar emot invandrade. Detta bekräftas av Jan Ekbergs studier, och av OECD:s analys i organisationens International Migration Outlook 2013.

Ekberg uppskattar den statsfinansiella effekten till under en procent av BNP och om den är positiv eller negativ beror på

- invandringens storlek,
- ålderssammansättning
- integration på arbetsmarknaden.

OECD lyfter i sin jämförande analys fram Sverige som ett av de OECD-länder som skulle vinna mest på ett ökat arbetsmarknadsdeltagande bland invandrade.

Invandring utgör en förlust för mottagarländerna

När det gäller att bevara frågan om påverkan på de statsfinansiella kan man inte ha ett alltför snävt perspektiv. De bredare tillväxteffekter som invandringen kan ge upphov till riskerar då att missas.

Dessa effekter uppkommer bland annat av att invandring kan bidra till

- ökad export,
- ökad specialisering på arbetsmarknaden
- att motverka kompetensbrist och mer allmän arbetskraftsbrist.

Det finns studier som visar på positiva tillväxteffekter av invandring. Få studier är gjorda specifikt för Sverige, men i rapporten redovisas bland annat en studie av de breda tillväxteffekterna som undersöker hur migration påverkar såväl mottagar- som sändarländer.

Man beräknar att Sverige utan invandring skulle ha drygt 3 procent lägre löner på arbetsmarknaden.

Invandring är dåligt för infödda på arbetsmarknaden
Många antar att en arbetskraftsinvandring missgynnar de som redan finns på arbetsmarknaden genom en utträngningseffekt. Detta motverkas av den ökade produktivitet som invandringen ger upphov till.

En ökad internationalisering riskerar att slå ut vissa typer av jobb men skapar förutsättningar för andra jobb att växa fram. Denna studie pekar på en tydlig sysselsättningseffekt av en ökad andel icke-infödda inom olika branscher i USA:s tillverkningsindustri.

En enprocentig ökning av andelen invandrade inom en bransch ökar den totala sysselsättningen med närmare fyra procent.

6.4 Bok: Låsningen : en analys av svensk invandringspolitik (2015)

Författare: Jan Tullberg

Jan Tullberg, född 1949 är en svensk ekonom. Han disputerade 2002 vid Handelshögskolan i Stockholm där han senare blev docent i företagsekonomi. Är återkommande skribent på invandringskritiska webbplatser som Avpixlat/Samhällsnytt, Fria Tider, och Nya Tider.

I boken diskuteras en mångfald dåliga beslut som resulterat i en situation som gradvis förvärras. Etablissemanget för en destruktiv politik och saknar förmåga att ändra kurs, då de är mentalt låsta. Detta gör att det blir svårt att diskutera invandring i Sverige. Det är ett samhällsansvar för medborgarna att sätta sig in i invandringsfrågan och fundera igenom vad som är en förnuftig politik.

Boken belyser detta och ger underlag för egna reflektioner och andra slutsatser än den obligatoriska entusiasm för omfattande invandring som reguljära media propagerar för. Låsningen är ett bidrag till åsiktspluralism i invandringsfrågan.

Kommentarer till ovanstående rapport:

6.4.1 Invandringen kostar 250 miljarder per år[24] (2015)

Regeringens utredare hävdar att invandringen kostar mellan 45 och 60 miljarder per år.

I en ny bok visas att kostnaden uppgår till 250 miljarder kronor. Man har i tidigare studier bortsett från flera utgiftsposter som är svåra att beräkna. I stället gör man en uppskattning. Det är bättre att ha ungefär rätt än att ha exakt fel.

I massmedia beskrivs invandringen typiskt sett som berikande för Sverige, såväl kulturellt som ekonomiskt. Det har emellertid gjorts ett par försök att sätta en prislapp på invandringen under det senaste decenniet.

För drygt tio år sedan uppskattade ekonomiprofessor Bo Södersten (DN 2003-12-28) att nettokostnaden för invandringen uppgick till 2-3 procent av bruttonational-produkten (BNP), eller en årlig kostnad på 40-50 miljarder kronor.

Några år senare kom professor Jan Ekberg fram till en nettokostnad på mellan 1,5 och 2 procent av BNP för år 2006, motsvarande 45-60 miljarder kronor.

Ekonomen Jan Tullberg, docent i ekonomi, har gjort försök att beräkna invandringens kostnader. I en bok *Låsningen – en analys av svensk invandringspolitik* uppskattar Tullberg att nettokostnaden för invandringen under 2013 uppgick till 250 miljarder kronor, vilket är ungefär 7 procent av Sveriges BNP.

Att Tullbergs siffra är väsentligt högre än den Ekberg kom fram till 2009, beror till viss del på att det fanns fler invandrare i Sverige år 2013. Men skillnaden beror framförallt på att Tullberg har beaktat en rad faktorer som Ekberg valt att bortse från.

Stora kostnadsposter som Tullberg försökt beräkna, medan Ekberg inte tar med, avser så kallade undanträngningseffekter.

Dessa utgör hälften – 125 miljarder kronor – av den nettokostnad Tullberg räknat fram. Dessa kostnader uppstår när svenskar i viss utsträckning *trängs undan* när invandrare tar i anspråk resurser som annars hade kunnat disponeras av svenskar, som till exempel jobb och bostäder.

- *I de fall som invandrare arbetar skulle de arbetena kunnat gå till svenskar istället, om jobben inte är vad man kallar komplementära, det vill säga sådant som svenskar inte kan göra. Men det är sällan fallet, det handlar för det mesta om jobb av substitutkaraktär som svenskar hade kunnat ta,* förklarar Tullberg när Fria Tider ringer upp. Han utvecklar resonemanget i sin nya bok.

Invandrare har sällan en unik kompetens utan de flesta har högst normala jobb som att köra taxi eller jobba som biträde i vården.

Tanken att invandrares yrkeskompetens och därmed arbetsinsatser är unika bygger på ett missförstånd. Ekberg väljer emellertid att helt bortse från sådana effekter.

Tullberg har, till skillnad mot Ekberg, tagit i beaktande att invandrare tar mer resurser i anspråk på områden som skola, sjukvård och rättsväsende. Ekbergs uppskattning bygger däremot på antagandet att invandrare inte är överrepresenterade i brottslighet eller kostar mer i skola och omsorg.

6.6 Rapport: Ny rapport visar invandringens nyttoeffekter (2015)

Författare: Jesper Strömbäck

Jesper Strömbäck är sedan 2016 professor i journalistik och politisk kommunikation vid JMG. Innan dess var han professor i samma ämnen vid Mittuniversitetet. Under 2011–2013 var han huvudsekreterare och kanslichef för den dåvarande regeringens Framtidskommission. Till hans uppdrag hör också att vara ledamot av styrelsen för Institutet för framtidsstudier och Futurion AB[25].

I nationens intresse är titeln på en rapport som sammanställer tidigare forskning om hur Sverige påverkas av invandring. I synnerhet diskuteras invandringens påverkan på ekonomin. Invandring förknippas ofta med ökade kostnader.

- *Titeln ska ses som en avspegling av att invandring på många olika sätt bidrar positivt till nationen Sverige,* säger Jesper Strömbäck, medieprofessor vid Mittuniversitet, som står bakom rapporten.

I rapporten undersöks bland annat hur invandring påverkar ekonomisk tillväxt, utrikeshandel, import och export. Resultatet är att invandringen bidrar till ökad ekonomisk tillväxt och ett ökat företagande.

Invandring viktig för utrikeshandeln

- *Ungefär 15 procent av alla företag drivs av personer med utländsk bakgrund. När det gäller små och medelstora företag är också tillväxtkraften starkare i företag som drivs av personer med utländsk bakgrund än i företag som drivs av svenskar,* säger Jesper Strömbäck och tillägger:
- *Utrikeshandeln gynnas också av invandringen, vilket är viktigt, eftersom nästan 46 procent av BNP*

härrör från utrikeshandeln.

Invandringen bidrar också med ökad kompetens på den svenska arbetsmarknaden.

- *Dels gäller det högt kvalificerade specialister, men även arbetskraft åt de sysslor som inte är lika fina men som ändå måste utföras.*

Den senaste tidens rådande debattklimat behöver nyanseras. Man kan inte anse att invandring är en belastning för samhället.

- *Ofta fokuserar man på de kortsiktiga kostnaderna och de kortsiktiga problemen, säger Strömbäck och menar att den forskning han sammanställt inte varit särskilt närvarande i debatten. Bilden om invandring som i första hand synonymt med ökade kostnader innehåller en skevhet.*

Han fortsätter

- *Det finns ett antagande att vi tar emot invandrare därför att vi är solidariska, som någon sorts välgörenhet, medan invandringen skulle vara mer reglerad om vi satte vårt eget intresse främst.*

Viktigt att skilja mellan kostnader och ekonomisk nytta

Invandringen har långsiktiga ekonomiska fördelar och vinster, men man måste också beakta kortsiktiga kostnader.

- *Absolut, det gör jag också i rapporten. På kort sikt visar forskningen att det uppstår en kostnad motsvarande 1-2 procent av BNP, men då är det just överföringar via de offentliga budgeterna man tittar på. Det är inte samma sak som samhällsekonomin.*

Integrationen viktigt för invandringsnyttan

Vad tror du rapporten kommer få för politisk betydelse?

- *Jag hoppas att rapporten ska ligga till grund för en mer forskningsbaserad diskussion kring invandring, och att det ska bidra till fokus på hur vi kan bli bättre på integration. Invandringen bidrar i allt väsentligt positivt till Sverige, men den skulle bidra ännu mer om integrationen fungerade bättre. Det skulle gynna de som invandrat själva, men också nationen som helhet.*

2014 hade Sverige 21,5 procent av befolkningen utländsk bakgrund. Därför är det ej förvånande att 15 procent av landets företagare har utländsk bakgrund.

Bara 13 procent av företagare med fler än tio anställda har utländsk bakgrund.

Rapporten hävdar att...

> *...ett svenskt företag som anställer en person från ett annat land i genomsnitt ökar exporten av tjänster till det landet med cirka 2 procent, medan andra studier visar att svenska tillverkningsföretag som anställer ytterligare en utlandsfödd person i genomsnitt ökar sin varuexport till hens ursprungliga hemland med en procent.*

Det är inte påvisad att invandringen ökat svensk export.

Många frågor är obesvarade:

- *Varför anställer inte Ericsson 100 kineser och fördubblar sin export till Kina?*
- *Varför har Sveriges exportandel till de stora flyktingländerna inte ökat på fyra decennier och ligger kvar på patetiska två procent trots massiv invandring?*

6.7 Rapport: Migration, en åldrande befolkning och offentliga finanser (2015)[26]

Författare: Prof. Lennart Flood och fil. dr Joakim Ruist

Lennart Flood Lennart Flood är professor i nationalekonomi vid Göteborgs universitet.

Joakim Ruist, född 15 juni 1981, är en svensk nationalekonom och forskare med inriktning på forskningsområdena migration och integration. Ruist har en filosofie doktorsexamen i nationalekonomi.

Beräkningarna är avgränsade till att enbart behandla effekterna på finansieringen av den offentliga sektorn.

Utrikes födda påverkar samhället inte bara via kostnader och intäkter i den offentliga sektorn. Analyserna bör vara långsiktiga.

I beräkningen av invandringens effekter på finansieringen av den offentliga sektorn sammanställs den offentliga sektorns olika inkomst- och utgiftsposter.

Inkomstsidan ges av de skatteintäkter som skapas av arbets- och företagsinkomster samt skatten på konsumtion.

Utgiftssidan bestäms av transfereringar och offentlig konsumtion. Baserad på observerade data visar en s.k. tvärsnittskalkyl för 2013 att den offentliga sektorn omfördelade 26 miljarder kronor från inrikes till utrikes födda, vilket motsvarar 0,7 procent av BNP. En uppdelning av hela gruppen utrikes födda i två grupper beroende på om de invandrat från ett land inom Europa eller utanför Europa visar att utomeuropeiska invandrare står för 21 miljarder av den totala omfördelningen till invandrare.

Huvudförklaringen till denna omfördelning ligger på intäktssidan, dvs. låg sysselsättningsgrad medför låga skatteintäkter.

Kommentarer till ovanstående rapport:

6.7.1 Hur blir invandringen lönsam? (2015)[27]

Man påstår att när svenskarna blir äldre behövs invandrare för att utöka den arbetsföra befolkningen. I stället borde man fråga hur mycket invandring behöver. Vem ska annars ta hand om oss när vi blir äldre?

Forskarna Joakim Ruist och Lennart Flood har skrivit *Migration, en åldrande befolkning och offentliga finanser (SOU 2015:95)* som är en del av Långtidsutredningen 2015. Rapporten kopplar ihop behovet att arbeta några år till före pensionen för att finansiera invandringen till Sverige.

I många scenarier är invandringen en förlustaffär för de offentliga finanserna. Invandringen blir lönsam om man antar att utomeuropeiska invandrargrupper med låg sysselsättning höjer sin sysselsättning med 10 procentenheter och att hela befolkningen höjer sin pensionsålder med två år.

Invandringen beräknas sjunka kraftigt, vilket Ruist och Flood poängterar. De har utgått från SCB:s befolkningsprognos. SCB räknar alltid med tre scenarier: ett lågt, ett huvud och ett högt scenario. Ju högre invandring desto större underskott, enligt Ruists och Floods beräkningar. Det SCB kallar en hög nivå är dock avsevärt lägre än den faktiskt invandringsnivå som Sverige har haft sedan dess. SCB:s befolkningsprognos som en glädjekalkyl, vilket tyvärr påverkat Ruists och Floods beräkningar. Med de rekordhöga nivåerna av asylsökande räcker det förmodligen inte att höja pensionsåldern med endast två år.

För att invandringen ska bli lönsam krävs att sysselsättningen ökar. Men Sverige kombinerar den i särklass största asylinvandringen med den allra sämsta integrationen på arbetsmarknaden.

Sysselsättningsgap

I dag har Sverige OECD:s näst största sysselsättningsgap på 17,7 procentenheter. Samtidigt visar undersökningar att Sverige är det land som har minst rasism, enligt bland annat World Values Survey.

Orsaken till sysselsättningsgapet är att Sverige använder en liten mängd lågkvalificerad arbetskraft och det kan vara svårt att ta sig över tröskeln in på arbetsmarknaden. Sysselsättningsgapet i Sverige beror inte på rasism utan främst på asylinvandrares låga utbildningsnivå. I PIAAC-mätningen till exempel, som mäter läs- och räkne-färdigheter bland vuxna i åldern 16 till 65, har Sverige den största skillnaden mellan utrikes- och inrikesfödda av alla OECD-länder.

	Sysselsättnings-gap (procentenheter)	Sysselsättnings-grad, utrike födda (procent)
1. Rumänien	18,0 %	52,8 %
2. Sverige	17,7 %	
3. Nederländerna	16,9 %	67,3 %
4. Tyskland	13,0 %	69,8 %
5. Belgien	12,4 %	60,2 %
EU-27	8,3 %	65,2 %

Genomsnittlig poäng för läs- och räknefärdigheter[28].

Land	Genomsnittliga poäng	
	Läs-Färdighet	Räkne-Färdighet
1. Japan	296	288
2. Finland	288	282
3. Nederländerna	284	280
4. Australien	280	268
5. Sverige	**279**	**279**
OECD-genomsnitt	273	269
19. Polen	267	260
20. Irland	267	258
21. Frankrike	262	254
22. Spanien	252	246
23. Italien	250	247

Tyvärr saknas uppgifter från de stora invandrarländerna.

Invandrare får svårt att hinna ikapp. Att Sverige har minst andel låglönejobb av alla OECD-länder underlättar inte.

Med nuvarande skillnader i sysselsättningsnivå beräknar Ruist och Flood att det varje år sker en omfördelning av 0,7 procent av BNP från inrikes födda till utrikes födda.

Jan Ekberg gjorde samma sorts långsiktiga studie 2009 och kom fram till att det snarare var mellan 1,5-2,0 procent. Ekberg räknande även in svenskfödda barn till två utrikes födda föräldrar, vilket Ruist och Flood inte gör.

Fortsätter det såhär får vi nog arbeta hela vägen till graven.

6.7.2 Asylsökande driver på ekonomisk tillväxt (2016)[29]

Man har studerat de initiala effekterna av migrationsströmmarna eftersom de påverkar BNP på flera sätt.

1 Befolkningen ökar den offentliga konsumtionen. Här räknas bara de som både har avsikt och rätt att stanna i Sverige i minst ett år.
2 För att uppskatta omfattningen av de asylsökandes konsumtion i Sverige har man antagit att de

ersättningar som Migrationsverket betalar ut direkt till asylsökande används för konsumtion.

3 Uppgifter om kostnader knutna till migration, som är hämtade från statsbudgeten, har använts som underlag för att uppskatta effekterna av det ökade antalet asylsökande på offentlig konsumtion.

Sveriges folkbokförda befolkning har på grund av invandringen ökat snabbare än vanligt. Lennart Flood och Joakim Ruist har i en statlig utredning presenterat hur intäkter och kostnader fördelats över befolkningen. Nettoresultatet visar att den offentliga sektorn år 2013 omfördelade 26,0 miljarder kronor från inrikes till utrikes födda. Detta motsvarar 0,7 procent av BNP samma år[30].

6.8 Rapport: Asylinvandring stärker pensionssystemet men ger lägre pensionsökningar (2016)[31]

Den stora asylinvandringen under 2015 kommer inom några år leda till att pensionssystemet stärks finansiellt. Dessutom ger detta något lägre pensionsökningar. På lång sikt ökar statens kostnader för grundskyddet i pensionssystemet.

I rapporten har analytiker vid Pensionsmyndigheten räknat på vad asylinvandringen av den storlek som vi såg under 2015 kan innebära för pensionssystemet.

Antagandet i rapporten är att av de drygt 160.000 som sökte asyl i Sverige under 2015 så får 100.000 stanna i Sverige. Därifrån beräknas vilka effekter detta får på pensionssystemet. Man antar att historiska inkomstmönster upprepas. Beräkningen sträcker sig fram tills alla i gruppen antas ha avlidit år 2100.

Ole Settergren, chef för Pensionsmyndighetens analysavdelning förtydligar:

- *För det första vet vi att när fler kommer i arbete så växer lönesumman. Det leder i sin tur att pensionssystemet blir finansiellt starkare, vilket minskar risken att vi behöver använda den så kallade balanseringen eller bromsen i systemet. Det är också en effekt vi kommer att se redan på kort sikt*, säger Ole Settergren.

Totalt beräknas inkomstpensionssystemet stärkas med 70 miljarder kronor fram till och med år 2100.

- *Den andra slutsatsen har med genomsnittsinkomsten att göra. Då invandrare i genomsnitt har lägre löner än inrikes födda när de får jobb, så påverkas genomsnittsinkomstens utveckling negativt.*

- *Eftersom genomsnittsinkomstens utveckling används för att räkna om inkomstpensioner och inkomstpensionskonton kommer även pensionernas utvecklingstakt påverkas negativt. Vi talar om storleksordningen 130 kronor i månaden år 2040 för en vanlig pensionär,* fortsätter Ole Settergren.

Den beräknade förstärkningen i systemet med anledning av detta beräknas bli 200 miljarder kronor under perioden 2017-2100. De pensionärer som har låg inkomstpension kommer inte att påverkas. Detta då beräkningen av både garantipension och äldreförsörjningsstöd sker utifrån prisbasbeloppet och inte inkomstindex.

6.9 Rapport: 900 miljarder skäl att uppskatta invandring (2015)

Författare: Lars-Fredrik Andersson och Sandro Scocco[32]

Lars-Fredrik Andersson är docent i ekonomisk historia vid Institutionen för geografi och ekonomisk historia vid Umeå universitet[33].

Sandro Scocco har varit ekonom på LO och chefsekonom på AMS. Nu är han chefsekonom på Arenagruppens tankesmedja Arena Idé[34]. Han har också jobbat i regeringskansliet[35].

Debatten om invandringen har kommit att handla om ekonomi[36].

Lars-Fredrik Andersson och Sandro Scocco har presenterat i en rapport att invandringen sedan 1950 har varit ekonomiskt lönsam för Sverige.

Författarna har gjort en detaljerad beräkning av kostnader och intäkter för invandring sedan 1950 i rapporten från tankesmedjan Arena Idé: *900 miljarder skäl att uppskatta invandring.*

- *Vi visar att invandringen har varit en bra affär för Sverige inte bara humanitärt utan även på annat sätt. Det har lett till en ökad arbetskraft och en yngre befolkning vilket är positivt för ekonomin,* säger Lars-Fredrik Andersson.

Utan invandrare skulle befolkningsutvecklingen ha varit svag. Folkmängden skulle endast ha ökat med cirka 0,5 miljoner invånare under perioden 1950-2014.

En nytänkande analys av invandringens effekter

Med utgångspunkt i den ekonomiska historien sedan 1950-talet konstaterar Lars-Fredrik Andersson och Sandro Scocco att invandringen har haft kraftigt positiva tillväxteffekter för Sverige.

Initialt beskriver de ett Sverige bestående enbart av personer födda i Sverige med samma nivå på kollektiva varor såsom grundforskning, försvar och viss infrastruktur som idag.

Landets nettoförmögenhet skulle då vara 900 miljarder kronor mindre än den är idag. Dessutom innebär detta att staten skulle behöva generera ytterligare 65 miljarder kronor i skatteintäkter för att behålla dagens nivå på utgifter för bland annat försvar och infrastruktur.

De har också antagit att Sverige utan invandring skulle ha satsat mindre på grundforskning, försvar och infrastruktur och därmed anpassas dessa faktorer utifrån storleken på arbetskraften och vår minskade BNP.

I Sverige är det fördelaktigt att fler är med och delar på kostnaderna för stora infrastruktursatsningar såsom Botniabanan och nationella forskningsprojekt. Utan invandring skulle BNP ha varit 22 % procent mindre idag.

- *Skillnaden hade varit att utan invandringen hade färre personer fått dela på kostnaderna. Ett glesbefolkat land som Sverige hade haft det svårt utan en välfungerande infrastruktur,* säger Lars-Fredrik Andersson.

Rapporten har bl.a. kritiserats av Tino Sanandaji och av Joakim Ruist forskare vid Handelshögskolan i Göteborg. Joakim Ruist pekar på att det finns andra rapporter som är mer detaljerade i inkomster och utgifter för det offentliga och att rapporten därför saknar värde.

Tino Sanandaji, som är av kurdisk etnicitet, föddes 1980 i Sanandaj i den iranska provinsen Kurdistan. Familjen flyttade till Sverige 1989. Sanandaji blev civilekonom vid Handelshögskolan i Stockholm 2003 och därefter Master of Arts vid University of Chicago; 2013 avlade han doktorsexamen i public policy vid sistnämnda lärosäte.

Joakim Ruist
Joakim Ruist, född 15 juni 1981, är en svensk nationalekonom och forskare med inriktning på forskningsområdena migration och integration. Han är filosofie doktorsexamen i nationalekonomi från Göteborgs universitet, där han idag är verksam som universitetsadjunkt.

Kommentarer till ovanstående rapport:

6.9.1 *Experter* luras om flyktingarna (2018)[37]

Nettokostnaden för Sveriges offentliga finanser beräknas till 74 000 kronor per flykting och år, dvs. de får ut mer i välfärd och pension än de betalar i skatt.

Författaren, docent Joakim Ruist, har gått ett steg längre och beräknat vad flyktingar från olika länder kostar, de dyraste går på 94 000 och de billigaste 53 000.

Aftonbladet har låtit Sandro Scocco ta del av Ruists materialet för att granska det.

- *Så här kan man faktiskt inte räkna. Det Joakim Ruist inte berättar är att hans "rest-sverige" utan invandrare skulle sakna en stor andel av undersköterskorna, kockarna, taxichaufförerna och personal i alla andra arbeten där utrikes födda är överrepresenterade. Det är en fiktiv ekonomi som inte skulle fungera alls*, säger Sandro Scocco.

Så här har Ruist räknat:

> Förenklat uttryckt räknar ESO hur mycket svenskar med flyktingbakgrund bidrar med i skatter och drar sedan av hur mycket de får tillbaka i form av exempelvis välfärd och pensioner. Eftersom utrikes födda ofta jobbar i låglönesektorer betalar de lägre skatt än de infödda som har högre lön. Alltså är flyktingarna en ren förlustaffär.

En anmärkningsvärd slutsats med Joakim Ruists modell är kvinnor en jättedålig affär för Sverige. De jobbar mindre, har lägre lön och lever längre. Ett land med bara män skulle vara mycket mer framgångsrikt.

Frågan är vad ett samhälle där alla har en prislapp gör med oss?

- *De som pekas ut som en dålig affär för staten är människor i yrken som vårdbiträde, undersköterska, personliga assistenter och barnskötare. Självklart skulle de betala mer i skatt om de hade högre lön, men det är ju inte det ESO föreslår,* säger Sandro Scocco.

6.9.2 Invandringen en lönsam affär för Sverige (2015)[38]

Sveriges invånarantal har ökat med 2,5 miljoner nya medborgare genom invandringen. Invandringen sedan 1950 har bidragit med ungefär 2,5 miljoner fler invånare. Dessutom enligt tankesmedjan Arena idé 900 miljarder kronor fattigare. Dessutom skulle skatten behöva vara 65 miljarder kronor högre per år.

Sandro Scocco, som är chefsekonom för Arena Idé, och Lars Fredrik Andersson Umeå universitet anser att det är ganska självklart. Det blir billigare för varje enskild invånare om kostnaden för samhällets gemensamma utgifter fördelas på 10 miljoner människor än på 7,5 miljoner.

Att de utrikesfödda bidrar mer till samhällsekonomin än vad de kostar beror på att de är kraftigt överrepresenterade i åldersgrupperna 20–40 år och underrepresenterade bland de äldre åldersgrupperna.

Vi svenskar står för endast 0,2 miljoner av den totala ökningen av antalet sysselsatta sedan 1950, medan personer med utländsk bakgrund står för 1,1 miljon ytterligare sysselsatta, eller 85 procent av sysselsättningsökningen i Sverige sedan 1950.

Utan invandringen under efterkrigstiden skulle Sveriges ekonomi ha varit ungefär 20 procent mindre än vad den är i dag.

6.9.3 Invandringen är ingen kostnad (2015)[39]

Det är dags att sluta se invandring som en kostnad vi måste försöka minimera. Arena Idés rapport *900 miljarder skäl att uppskatta invandring* visar att invandringen till Sverige borde ses som en investering som vi måste försöka optimera.

Situationen i Syrien är den största humanitära katastrofen sedan andra världskriget. 12 miljoner människor är i behov av hjälp inom Syriens gränser, fyra miljoner har lyckats fly landet.

Flyktingmottagandet kostar för mycket anser Kristdemokraterna och även Moderaterna. Människor som flyr till Sverige ska få tillfälliga uppehållstillstånd. Syftet är att det ska få färre att söka asyl i Sverige.

Det är osannolikt att en stor del av de som flyr kommer att kunna återvända hem inom tre år. Läget i Syrien, Somalia och Eritrea kan knappas förbättra under en treårsperiod. De allra flesta asylansökningar kommer alltså att behöva prövas två gånger.

Vi ska inte se invandring som en kostnad vi måste försöka minimera. Arena Idés rapport *900 miljarder skäl att uppskatta invandring* visar att invandringen till Sverige borde ses som en investering som vi måste försöka optimera.

Invandringen har varit en vinst varje år sedan 1950, med undantag för ett par år under 90-talskrisen. Vinsten kan bli ännu större i framtiden, om vi gör kloka investeringar i de människor som kommer till Sverige i dag.

6.9.4 Asylinvandring är en investering (2015)[40]

Sverige upplevde en asylvåg 2015 och vi kan i efterhand konstatera att vi lyckades hanterat denna asylvåg. Den har inte medfört några större ekonomiska konsekvenser för landet. Detta enligt docenten Lars-Fredrik Andersson. 2015 påstod samma forskare att Sverige tjänat 900 miljarder på invandringen.

Andersson har enligt SVT forskat på hur europeiska ekonomier och arbetsmarknader påverkats av invandringen.

Andersson anser att man borde se på invandringen *som en investering.*

- *Hade vi inte haft den här flyktinginvandringen, de senaste 10-20 åren, skulle vi haft en situation med en större grupp äldre i befolkningen som hade fått jobba högre upp i åldrarna för att klara av de offentliga finanserna. Så på det sättet är det positivt med en invandring, eftersom det avlastar en demografisk motvind som vi annars skulle uppleva som mycket starkare,* säger han till SVT.

Man kan se till på Balkankrigen på 1990-talet och kan konstatera att det på längre sikt gått bra för de invandrare som kom till Sverige då.

Enligt Andersson har asylvågen inte lett till något större ekonomiska konsekvenser.

6.10 Rapport: Flyktinginvandring en kostnad för Sverige (2018)[41]

En rapport från Expertgruppen för studier i offentlig ekonomi, ESO har studerat sysselsättningsnivån hos flyktingar mellan 1983 och 2015. Man inser att integrationen av flyktingar gradvis försämrats under perioden.

Författare är Joakim Ruist vid ESO, som tillhör en självständig kommitté under Finansdepartementet med uppdrag att ge underlag för samhällsekonomiska och finanspolitiska beslut.

ESO:s studie visar att flyktingars sysselsättningsnivån gradvis har försämrats under den undersökta tidsperioden. På 1980-talet uppges integrationen ha varit betydligt snabbare än under 1990-talet och framåt.

- *Det finns inte någon måttstock enligt vilken man kan vara säker på att man riktigt vet vad man talar om när man säger lyckad eller misslyckad, men vi kan konstatera att det alltid varit svårt att sätta flyktingar i sysselsättning,* säger Ruist i SVT:s Morgonstudion.

Det påvisas att kvinnliga flyktingar under de första 10 åren i Sverige i allmänhet har mycket lägre sysselsättningsgrad än männen – ett glapp som efter 20 år så gott som jämnar ut sig.

Offentlig kostnad

Studien gör en prognos av

- flyktinginvandringens,
- flyktinganhöriginvandringens, långsiktiga påverkan på de offentliga finanserna.

Beräkningar visar att flyktinginvandringen både på lång

och kort sikt är en kostnad för Sveriges offentliga finanser.

Under de första åren är kostnaderna högst de första åren efter invandring. Därefter sjunker kostnaderna och ger senare ett positivt bidrag till statskassan, som dock inte täcker underskottet från de första åren och det som sedan uppkommer vid pensionen.

74 000 kronor per år

Ur rapporten:

> *Osäkerheten i beräkningarna är stor, men indikerar att nettoomfördelningen via de offentliga finanserna till en genomsnittlig flykting under hela dennas livstid i Sverige uppgår till i genomsnitt 74 000 kronor per år. Som jämförelse var omfördelningen till en genomsnittlig flykting i Sveriges befolkning 2015 cirka 60 000 kronor.*

Kommentarer till ovanstående rapport:

6.10.1 ESO-rapporten väcker starka reaktioner (2018)[42]

ESO:s rapport, skriven av Joakim Ruist, visar bland annat att sysselsättningsutvecklingen hos flyktingar och flyktinganhöriga gradvis försämrats under tidsperioden 1983-2015.

Dessutom visar rapporten att en genomsnittlig flykting under sin livstid i Sverige innebär en kostnad för de offentliga finanserna.

Missvisande

Sandro Scocco menar att den inte får tolkas i form av kostnader när det enligt honom handlar om en omfördelning mellan grupper.

- *Det som redovisas i den här rapporten är att det sker en överföring från en grupp till en annan. Det blir problematiskt när man tolkar det här i form av kostnader för man får en helt annan näringsstruktur än vad som faktiskt finns idag,* säger han till SVT Nyheter.

Enligt Scocco blir det missvisande att bara titta på sysselsättningsgraden och lyfter fram att utlandsfödda och svenskfödda per capita jobbar lika mycket per timma.

- *Människor måste få en korrekt bild av vad situationen de facto är. Nu är bedömningen hos många att detta är fruktansvärt dyrt för staten och det är inte en uppfattning jag anser att man kan stödja på den här studien och då blir det olyckligt.*

Behövlig rapport

Enligt Tino Sanandaji, nationalekonom är ESO-rapporten välbehövlig av två skäl.

- *Vi behöver alltid underlag till svensk politik som bygger på oberoende information. Sedan är den här frågan kontroversiell och det finns överdrifter åt båda håll. Då behövs något som bygger på vetenskaplig metod,* säger Sanandaji till SVT Nyheter, och fortsätter:
- *Många vill tabubelägga att man ska räkna ut sådant här. Men man ska inte vara rädd för en sådan här rapport, fakta är ofta modererande*

6.10.2 Invandringen kostar mycket - inget konstigt med det (2018)[43]

Det känns märkligt att höra forskare tala om invandringens kostnader. Vi känner till en kostar uppemot 90 miljarder kronor per år. Alla studier visar samma sak, ändå har det länge varit politisk strid om det. Forskarna tycker det är märkligt.

Professor Mats Hammarstedt, menar att alla vet att det är så här. Invandringen kostar 1-2 procent av BNP per år.

- *Det pratas mycket om integrationen som ödesfråga. Vi måste lyckas bättre, annars kommer det inte att fungera. Annars kommer vi inte att hålla ihop. Jag är olycklig över att det pratas på det här sättet (...) Även om det finns ett antal negativa konsekvenser av att vi har flyktinginvandring, kostnaderna är stora, men kostnaderna har kommit nu i en tid då staten gör stora offentligfinansiella överskott. Det är en kostnad, men det hindrar inte att Sverige går starkt rent ekonomiskt. (...) Jag ser inte grunden till varför vi måste lyckas bättre.*

Joakim Ruist tror också att integrationen förmodligen aldrig kommer att kunna fungera bättre än vad den nu gör.

- *Det har varit svårt att få in flyktingar i arbete under alla tider. Det är svårt, eftersom man har lägre utbildningsnivå och inte kan språket. Vi har också gjort väldigt mycket aktiva integrationsinsatser under lång tid. Man skulle kunna tänka sig att de bra idéerna redan är genomförda. Det är i alla fall så att vi i forskarsamhället inte sitter på lösningar som vi vill att politikerna ska plocka upp och implementera.*

Bättre integrationen innebär en olycklig press på politikerna att agera.

- *Om det då inte finns några bra förslag att lägga, kommer de att lägga dåliga förslag som antingen är kostsamma ekonomiskt eller därför att de får negativa effekter.*
- *Jag skulle önska en mindre optimistisk och hoppfull ton om vad som är möjligt att göra med integrationen.*

Vi måste acceptera att kostnaderna är så här stora när man har flyktinginvandring.

- *Varje år fördelas 1-2 procent av BNP från inrikesfödda till utrikesfödda. Man kan ha olika uppfattningar om det är mycket, det är runt 90 miljarder, så det är rätt så mycket pengar. Det borde inte finnas några större meningsskiljaktigheter om att det är så. Men så är det,* säger Hammarstedt.

Jag ser direkt tre kommentarer som måste åtgärdas:

1. Vad forskarna säger är att Sverigedemokraterna alltid haft rätt och alltid kommer att ha rätt om att flyktinginvandring är en betydande kostnad för svensk ekonomi.
2. Sverigedemokraternas motståndare, de gamla partierna, har aggressivt hävdat att SD har fel. Detta i strid med vetenskapens rön. Man har aktivt framfört rena lögner och stämplat dem som hävdar vetenskapliga fakta som rasister.
3. De etablerade politikerna har därmed grävt en grop som de nu själva faller i. De har först hävdat att invandringen är lönsam, sedan har de hävdat att invandringen kan bli lönsam om integrationen fungerar. Alltihop är en utopi, säger nu den ekonomiska forskningen.

Vad Sverige ska använda uppemot 90 miljarder kr om året till, är en politisk fråga. Många anser att fattigpensionärerna har betydligt större moralisk rätt till dessa 90 miljarder än människor från andra delar av världen.

Sverigedemokraterna vill använda en del av dessa medel för att göra mer för flyktingarna i deras närområde.

6.10.3 Dags att tala ut om migrationens kostnader (2019)

Debatten om invandringens kostnader kännetecknats av överdrifter, där önsketänkande blandas orealistiska katastrofscenarier. Frågan är om flyktinginvandringen skulle vara *en ekonomisk vinst eller rent av en nödvändighet för att lösa Sveriges demografiska utmaningar.*

Det går inte att bortse från att den kostar stora pengar. I en ESO-rapport från förra året uppskattar migrationsforskaren Joakim Ruist kostnaden för en flyktinginvandrare till 74 000 kronor per år i snitt under de senaste decennierna[44].

Redan 2017 riktade Riksrevisionen hård kritik mot bristen på konsekvensanalyser av 26 migrationspolitiska propositioner åren 2004–2015.

6.11 Rapport: Tid för integration en ESO-rapport om flyktingars bakgrund och arbetsmarknadsetablering (2018)

Författare: Joakim Ruist

Ett stort antal flyktingar har kommit till Sverige. Självklart tar det tid att bli etablerad på arbetsmarknaden för den som invandrar. Detta är något som uppmärksammas återkommande[45].

Vi vet lite om hur det går för olika flyktinggrupper, beroende på härkomst, utbildning och ålder vid ankomst. Om olika flyktinggruppers integrationstakt är betydande och det är förhållanden som dessutom är stabila över tid, kan den kunskapen ge oss bättre möjligheter att bedöma utvecklingen framöver.

I den här rapporten till ESO har Joakim Ruist studerat frågan hur det gått för olika flyktinggrupper på den svenska arbetsmarknaden sedan början av 1980-talet.

Av rapporten framgår att skillnaderna i flyktingars arbetsmarknadsintegration skiljer sig mycket åt beroende på ursprungsland och att de skillnaderna även varit mycket stabila de senaste 20 åren.

Kommentarer till ovanstående rapport:

6.11.1 Tre miljoner per flykting (2018)

Flyktingmottagningen kostar. Exempel på insatsområden

- svenska för invandrare,
- anställningsstöd,
- kompletteringsutbildning,
- kommunalt introduktionsprogram,
- etableringssamtal,
- arbetspraktik,
- etableringslots,
- sfi-bonus,
- arbetsplatsintroduktion,
- jobbcoach,
- särskild rådgivning för företagande,
- nystartskontor,
- instegsjobb,
- nystartsjobb,
- extratjänster,
- beredskapsjobb ...[46]

I decennier har Sverige arbetat för att stärka nyanländas etablering.

Expertgruppen för studier i offentlig ekonomi (ESO) visar i rapporten *Tid för integration*. hur det har gått på arbetsmarknaden för flyktingar från början av 1980-talet och framåt. Helt avgörande för hur mycket skatter som betalas in och bidrag som delas ut. Rapporten är författad av nationalekonomen Joakim Ruist.

Man har beräknat att en genomsnittlig flykting utgör en årlig kostnad av offentliga medel om 74 000 kronor, vilket under sin livstid blir närmare 3 miljoner kronor. Summerat för alla flyktingar blir detta 41 miljarder kronor om året (2015), eller cirka 1 procent av BNP. Den egentliga kostnaden torde dock vara högre, eftersom man inte räknat in alla kostnader för mottagandet.

3 miljoner kronor är mycket pengar här. Redan 74 000 kronor räcker långt för en individ på plats.

På 1980-talet fick visserligen de nyanlända jobb lite snabbare. Efter 2 eller 3 år hade majoriteten av de manliga flyktingarna sysselsättning.

Efter 10 år planar integrationskurvan ut, på en sysselsättningsnivå omkring 10 eller 20 procent lägre än bland infödda.

Oavsett vilka integrationsåtgärder vi har satt in, har resultatet varit likvärdigt.

6.12. Rapport: Rätt jobb åt utrikes födda akademiker (2018)[47]

Ett antal enklare jobb frigörs om utrikes födda akademiker får kvalificerade jobb. En jobbkedja som innebär att personer längre från arbetsmarknaden får ökade möjligheter till jobb med en bättre matchning.

I Sverige finns drygt 300 000 utrikes födda akademiker med minst tre års högskoleutbildning, dvs. var femte akademiker har utländsk bakgrund.

Utrikes födda akademikerna har lättare att få arbete än de med lägre utbildning. Jämfört med inrikes födda akademiker är deras sysselsättning betydligt lägre.

- 84 000 utrikes födda akademiker i arbetsför ålder är inte sysselsatta
- 45 000 arbetar inte i yrken som är i nivå med deras utbildning.
- Av dessa har 8 500 jobb som inte kräver gymnasieutbildning.
- När invandrade akademiker får ett arbete i nivå med sin utbildning gynnas samhällsekonomin på flera sätt:
    - **Sysselsättning**
      Den totala sysselsättningen blir högre.
    - **Produktiviteten**
      Arbetsmarknaden blir mer produktiv om fler arbetar i de yrken de är utbildade för.
    - **Jobbkedja**
      Om högutbildade utrikes födda som idag ar-

betar i mindre kvalificerade yrken får ett arbete i nivå med sin utbildning, får andra med lägre utbildning som idag saknar sysselsättning chans att få ett arbete.

I denna rapport beskrivs:

- Situationen för utrikes födda akademiker på den svenska arbetsmarknaden.
- Beskrivs insatser som syftar till att hjälpa utrikes födda akademiker till arbete.
- Rapporten avslutas med beräkningar av effekterna på sysselsättning, arbetslöshet och offentliga finanser om arbetsmarknaden skulle dra bättre nytta av utrikes födda akademikers utbildning.
- Beräkningarna i rapporten visar att om utrikes födda akademiker skulle ha samma sysselsättningsgrad och arbetslöshetsgrad som inrikes födda akademiker.
- Om en lika stor andel av de utrikes födda akademikerna som de inrikes födda arbetade i yrken som motsvarade deras utbildning skulle 34 000 fler personer vara sysselsatta och 28 000 färre vara arbetslösa.
- De ökade skatteintäkterna och minskade kostnaderna för arbetslöshetsersättning och försörj-

ningsstöd skulle förstärka de offentliga finanserna med drygt tio miljarder kronor per år.

Kommentarer till ovanstående rapport:

6.12.1 Miljardvinster om fler akademiker får jobb (2018)

Beräkningar visar att om fler utrikes födda akademiker i Sverige får ett arbete i nivå med deras utbildning så kan samhället spara 10 miljarder kronor om året[48].

Mer än 20 procent av alla akademiker i Sverige är i dag utlandsfödd och andelen har tredubblats sedan millennieskiftet.

Nationalekonomen Patrick Joyce har på uppdrag av Jusek skrivit rapporten *Rätt jobb åt utrikes födda akademiker*[49] och visar få fördelarna om fler av de med utländsk bakgrund kommer in på arbetsmarknaden.

Några slutsatser:

1. **Sysselsättning**
   Den totala sysselsättningen blir högre.
2. **Produktiviteten**
   Arbetsmarknaden blir mer produktiv om fler arbetar i de yrken de är utbildade för.
3. **Jobbkedja**
   Om högutbildade utrikes födda som idag arbetar i

mindre kvalificerade yrken får ett arbete i nivå med sin utbildning, får andra med lägre utbildning som idag saknar sysselsättning chans att få ett arbete.

Samhällsvinsterna blir betydande om fler utländska akademiker får kvalificerade jobb.

- *Den kalkyl som jag gjorde förra året visar att samhället kan göra vinster på över 10 miljarder kronor om året. Beräkningarna bygger på data från 2014 och 2015 men i dag är det tyvärr ännu fler utlandsfödda akademiker som är felmatchade. Gör man om beräkningen i dag blir vinsterna ännu större,* säger Patrick Joyce.

Hur blir invandringen lönsam?

Ivar Arpi ställer i en ledare i SvD[50] två frågor:

- Hur mycket invandring behöver Sverige?
- Vem ska annars ta hand om oss när vi blir äldre?

Invandringen blir lönsam under två förutsättningar:

- Att utomeuropeiska invandrargrupper med låg sysselsättning höjer sin sysselsättning med 10 procentenheter.
- Att hela befolkningen höjer sin pensionsålder med två år.

Sverige har den i särklass största asylinvandringen men

med den allra sämsta integrationen på arbetsmarknaden. Detta kan mätas genom att jämföra sysselsättningsgraden för inrikes födda (83,1 procent) med de utrikes födda (66,1 procent) i åldrarna 20-64 år, dvs. 17,0 procentenheter.

Sverige har EU:s lägsta andel av arbeten på den svenska arbetsmarknaden, som behöver lågkvalificerad arbetskraft. Detta beror inte på rasism utan främst på asylinvandrares låga utbildningsnivå.

Sammanfattningsvis:

- In- och utvandring bygger svenskt välstånd.
- Internationaliseringen leder till att svenska företag får tillgång till större exportmarknader, vilket är bra för sysselsättningen.
- Idéutbyten med företag i andra länder skapar utrymme för innovation. Import skapar dynamik och konkurrens.
- Högutbildade immigranter som kommer från andra delar av världen har mer att bidra med än lågutbildade från grannländer.
- Flyktingarna kan vara viktiga. De kommer från länder långt bort, är något så positivt som riskbenägna och har *"aktuella nätverk"*
- En procent ökad invandring leder till 0,2 procent

ökad export och import.

Flyktingmottagande ger dubbelt tillbaka

Philippe Legrain, tidigare ekonomisk rådgivare till Europeiska kommissionens ordförande, har sammanställt rapporten *"Flyktingar arbetar – en humanitär insats med ekonomisk vinning"*.

ETC[51] ger en sammanfattning:

> *Flyktingar som kom till Europa förra året kommer på fem år ha genererat dubbelt så mycket intäkter till statskassan jämfört med vad mottagandet kostade. Det visar en övergripande undersökning om hur flyktingmottagande påverkar EU-ländernas ekonomi.*

Flyktingar kommer att

- skapa fler jobb,
- öka efterfrågan på varor och tjänster
- fylla vakanser när stora delar av Europas arbetskraft går i pension.

I många länder – däribland i Sverige - vill partier stoppa eller kraftigt begränsa möjligheten för flyktingar och arbetskraftsinvandrare att få uppehållstillstånd och man anser att landet skulle tjäna stora belopp på en sådan politik. SD har i många år krävt en statlig utredning om invandringens kostnader.

I Sverige bidrar invandrarna mer till stat och kommun än de får tillbaka. Enligt OECD blir det ett plus för samhället på någon tusenlapp per år.

6.13 Rapport: Arbetskraftsinvandring (2018)

I en rapport från Timbro beskriver Caspian Rehbinder (masterstudent i statsvetenskap vid Stockholms universitet) effekterna av arbetskraftinvandringen för det svenska näringslivet[52].

Rehbinder granskar fyra argument som lyfts mot arbetskraftsinvandring:

- att arbetskraftsinvandrare tar jobb,
- att arbetskraftsinvandrare pressar löner,
- att arbetskraftsinvandrare kostar pengar
- att arbetskraftsinvandrare utnyttjas i systemet.

Modellen för arbetskraftsinvandring infördes 2008 och systemet har varit politiskt omtvistat. Samtidigt har företagens kompetensförsörjning underlättats och inneburit att tusentals människor från tredje land kommit att till Sverige och bidragit till sin och andras ekonomi.

Många är tveksamma till att analysen av arbetskraftsinvandringen haft positiv effekt. Andra anser att Sverige tjänar på arbetskraftsinvandringen.

Produktiviteten, ökad handel, större skatteintäkter och bättre fungerande kompetensförsörjning har enligt forskning och många utredningar blivit stora vinster.

Låt oss granska rapporten:

- **Arbetskraftsinvandrare tar inte våra jobb**.
  Det ligger i linje med internationell forskning om invandringens effekter på sysselsättningen att fler invandrare inte medfört sämre integration för nyanlända flyktingar.

- **Arbetskraftsinvandrare pressar inte ner våra löner**.
  Eftersom arbetskraftsinvandrare måste ha kollektivavtalsenliga löner för att ens få komma till Sverige finns ingen press nedåt på lönerna.

- **Arbetskraftsinvandrare kostar inte pengar**.
  Arbetskraftsinvandrare har jobb och bidrar med betydande intäkter. Däremot har de anhöriga låg sysselsättning, men även med dem inräknade är den offentligfinansiella effekten försumbar.

- **Arbetskraftsinvandrare utnyttjas inte systematiskt.**
  Att riva upp ett välfungerande system på så svaga grunder är skadligt och ansvarslöst. Socialdemokraternas motstånd mot invandrare som jobbar är historiskt djupt rotat. Men argumenten är svaga och i många fall rent ohållbara.

6.14 Rapport: Global migration – orsaker och konsekvenser (2019)[53]

Författare: Joakim Ruist

Kunskapen om migration och dess konsekvenser är i allmänhet låg. Därför startade SNS projektet Global migration – orsaker och konsekvenser. Projektet avslutades med en bok sommaren 2019.

Så mycket som 97 procent av världens befolkning bor i det land där de är födda. Resterande 3 procent har således flyttat till ett annat land. Den migration som kanske oftast leder till de största politiska kontroverserna är den från icke-höginkomstländer till höginkomstländer. Det gäller både den migration som sker av ekonomiska skäl och den som beror på flykt från konflikter.

Fokus i projektet ligger i huvudsak på migrationen från fattigare till rikare länder. Ambitionen är uteslutande att bidra med kunskap, inte med rekommendationer om hur migrationen bör hanteras.

6.15 Bok: En modern migrationsteori: en alternativ ekonomisk strategi för misslyckad EU-politik (2021)

Författare: Peo Hansson

Peo Hansson är professor i statsvetenskap vid REMESO, Linköpings universitet. Han disputerade i statsvetenskap vid Umeå universitet våren 2000. Han har även varit Visiting Scholar på Institute for the Study of Europe vid Columbia University (2002-03), samt Senior Fellow på Remarque Institute vid New York University (2006).

I sin bok belyser Peo Hansen de ekonomiska diskussioner som omger flyktingmottagande och hur tankesättet kring flyktinginvandring vilar på felaktiga grunder.

- *Det finns en uppfattning om att ett land kan ha antingen en hållbar välfärdsstat eller höga invandringsnivåer. Men den synen är fel, för det går att ha båda. Flyktinginvandringen kostar inte Sverige. Tvärtom bidrar den med åtskilliga reella och samhällsbärande resurser i form av hårt arbetande människor,* säger Peo Hansen, professor i statsvetenskap vid Institutet för migration, etnicitet och samhälle vid Linköpings universitet.

Peo Hansen belyser de ekonomiska diskussioner som omger flyktingmottagande. Den svenska regeringen och den ekonomiska expertisen ansåg att flyktingmottagandet 2015 skulle bli en stor kostnad. Denna kostnad som skulle skapa stora underskott, ta pengar från välfärden, tvinga staten att låna och kanske också tvinga fram skattehöjningar. Makthavare framställde detta ekonomiska resonemang, inte som en prognos, utan som ett ofrånkomligt faktum.

Detta kostnadsperspektiv bygger på en bristfällig kunskap om makroekonomi. En stats utgifter, påpekar han, kan inte betraktas på samma sätt som ett hushålls utgifter, och inte uttryckas i samma termer.

I ett hushåll må spenderade pengar vara förlorade, men när en stat spenderar är detta alltid en inkomst för resten av ekonomin, för kommunerna, företagen och hushållen, eftersom pengarna ju inte försvinner.

Han menar att statens kostnader för flyktinginvandring bidrar till att öka tillväxten. Med tillväxten ökar också skatteintäkterna, vilket i sin tur kan generera överskott.

Åren 2016 och 2017, då staten lade som mest pengar på flyktingar, blev överskotten de största på ett decennium.

- *Regeringen, Ekonomistyrningsverket, Finanspolitiska rådet, Konjunkturinstitutet och Riksbanken hade alltså fel när de tvärsäkert uttalade sig om att flyktingutgifterna skulle leda till underskott 2016 och 2017. Tack vare de statliga flyktingpengarna som kommunerna tilldelades gjorde samtidigt den svenska kommunsektorn ett av sitt bästa resultat någonsin 2016, nära nog samtliga 290 kommuner gjorde överskott. Långt ifrån alla pengar gick till flyktingrelaterade investeringar, utan de förstärkte även kommunernas välfärd, infrastruktur och likviditet,* säger Peo Hansen.

6.16 Rapport: Sveriges välfärd vinner på kompetensinvandring

Men hur påverkar den offentliga ekonomin av invandringen? Enligt Almegas nya rapport genererar den ett stort ekonomiskt överskott. Närmare bestämt 1,7 miljarder kronor.

Kritiker anser dock att det råder en osund konkurrens på arbetsmarknaden där arbetskraftsinvandrare tar jobb från svagare grupper i samhället. Enligt Almega stämmer inte detta.

Arbetskraftsinvandringens effekter på den offentliga sektorns ekonomi ger de pengar som finansierar välfärden. Arbetskraftsinvandrarna försörjer sig själva och sina anhöriga. Slutsatserna är tydiga: Arbetskraftsinvandringen genererar ett stort ekonomiskt plus.

Andreas Åström, näringspolitisk chef Almega

- Kritiken mot arbetskraftsinvandringen är väldigt onyanserad. Det handlar egentligen om en kompetensinvandring. Bortser man från säsonganställda bärplockare och plantörer så arbetar nio av tio arbetskraftsinvandrare i yrken som kräver minst gymnasieutbildning, säger Andreas Åström.

Rapporten visar även att arbetskraftsinvandringen inte ökar konkurrensen om jobben nämnvärt. Inom 92 procent av de yrken som beviljas flest arbetstillstånd råder det antingen brist på arbetskraft eller så ökar antalet arbetstillfällen.

- *De fyller luckor i bristyrken och bidrar därmed till att få företag att växa och skapa nya arbetstillfällen även för andra*, säger Andreas Åström.

7 INVANDRINGSPOSITIVA ARTIKLAR

I det följande finns refererat av artiklar från olika tidskrifter och databaser och de är ordnade i kronologisk ordning eftersom en del artiklar hänvisar till tidigare inlägg.

7.1 De positiva effekterna med invandringen måste lyftas fram (2015)

De flesta - 70 procent av svenskarna - tycker att invandring gör landet bättre att leva i och endast två procent står för åsikten att vi inte ska ha någon invandring alls från fattiga länder utanför Europa.

Forskningen visar att invandring är en god investering i vår framtid. Invandringen medför en föryngring av befolkningen och är viktiga för framtida pensioner.

Invandring ger

- ökad kreativitet och innovationsförmåga,
- ökad import och export,
- ökat företagande
- ökad tillväxtkraft hos små och medelstora företag
- stärkt kompetensförsörjning på den svenska arbetsmarknaden.

Stora delar av svensk sjukvård och servicesektor är beroende av invandrare.

De senaste årens debatt har handlat mycket om de kortsiktiga kostnader som flyktingmottagande för med sig.

Vi måste alla hjälpas åt för att använda invandringens möjligheter till klara fördelar. Vi måste hjälpas åt med integrationen, eftersom integrationen fungerar först när vi hjälps åt.

7.2 Flyktingarna kostar läskigt mycket – men vi har råd (2016)

Flyktingarna kostar staten 336 miljarder under de närmaste fem åren. Av den nya budgeten framgår att även den ekonomiska ansträngningen är omfattande[54].

2016 avsätter regeringen drygt 30 miljarder mer än vad som beslöts när statsbudgeten för i år klubbades. 28 miljarder går till kommunerna för att skaffa bostäder åt de asylsökande.

Regeringen räknar med att kostnaderna fortsätter att öka, åtminstone fram till 2020. Och det är alltså inga små summor det handlar om.

För åren fram till 2020, beräknar finansdepartementet att kostnaderna för migration och integration blir 336 miljarder eller åtta procent av ett års BNP.

Den växande ekonomin som står för merparten av kostnaderna. BNP ökar vilket betyder högre skatteinkomster för staten. De kommer i hög grad gå till att bekosta migration och integration.

Regeringen har övergivit två bärande principer för statsbudgeten

- Målet om en procents överskott under en konjunkturcykel.
- Krona-för-kronaprincipen, att varje kostnad ska finansieras krona för krona och inte med lån.

FAKTA

Så mycket kostar flyktingarna

2016	58 miljarder
2017	67 miljarder
2018	68 miljarder
2019	71 miljarder
2020	72 miljarder

Källa: Finansdepartementet

7.3 Flyktingar räknas ge dubbelt tillbaka till Europa (2016)[55]

Flyende som kom till Europa under 2015 kommer på fem år ge dubbelt så mycket tillbaka till statskassan – i jämfört med vad mottagandet kostade. Det visar en ny rapport.

Studien har gjorts av stiftelsen Tent, en ickestatlig organisation som arbetar med flyktingar, skriver ETC.

Man beräknar att alla skattepengar som EU har spenderat på flyktingar kommer att betalas tillbaka dubbelt under de närmaste fem åren.

Beräkningarna bygger på data från internationella valutafonden, IMF, som har uppskattat att flyktingmottagandet kommer att öka den sammanlagda statsskulden i EU med omkring 640 miljarder kronor från år 2015 till år 2020.

Men de kommer samtidigt att bidra med det dubbla till statskassorna, motsvarande 1 180 miljarder kronor.

- *Den största missuppfattningen är att flyktingar är en ekonomisk börda. Det är en missuppfattning som delas till och med av dem som är för ökat mottagande*, säger Philippe Legrain i en intervju med AP.

7.4 Invandringen har gett en nettovinst som inte kan överskattas (2018)[56]

Forskaren León Poblete skriver:

> *Överlag bekräftar forskning att immigration i det långa loppet har positiva effekter på tillväxt, produktivitet, innovation och handel. Således är det viktigt att komma ihåg att det inte bara handlar*

om idag, vi måste tänka på hur det kommer att vara om 30, 50 och 100 år.

León Poblete är universitetslektor och forskare vid Uppsala universitet. Han undervisar på ekonomprogrammet och civilingenjörsprogrammet i system i teknik och samhälle vid Teknisk-naturvetenskapliga fakulteten.

Invandring redovisas oftare negativt än positivt i medierna. Man uttrycker rädslor för invandringens negativa inverkan på Sveriges känsla av nationell identitet.

Man ger bilden av att invandringen bidrar med problem och kostnader. Studier visar dock att på längre sikt överväger de positiva effekterna av invandring.

Invandrarpopulationen bidrar till landets produktivitet och ekonomiska tillväxt igång. Invandringen har visat sig varit viktig för innovation och entreprenörskap i Sverige och som stärker nationens internationella handel.

Det finns idag cirka 93 000 invandrarägda företag i Sverige, och vart femte nytt företag som startas, startas av en person med invandrarbakgrund. Sammanlagt sysselsätter dessa idag cirka 300 000 personer.

Högkvalificerade invandrare är en positiv investering som

bidrar till teknisk innovation och produktivitetsvinster. Invandringen ger ekonomisk tillväxt.

7.5 Att flyktinginvandringen skulle hota välfärden är helt fel (2018)[57]

Många tycks tro att de flesta nya jobben går till utlandsfödda. Detta är en villfarelse att flyktinginvandringen innebär en kostnad så stor att den håller på att ödelägga landet.

Den som levererar den här uppenbart kontroversiella uppfattningen är professorn i statsvetenskap Joakim Palme.

Forskaren Joakim Ruist uppskattar den långsiktiga kostnaden för flyktinginvandringen till 40 miljarder om året, alltså en procent av BNP. Då är migrationsmottagningen och även brottslighet inräknad.

Om vi utan invandring skulle ha samma andel taxichaufförer, städare och bagare i ekonomin, eller för den delen domare och officerare. Då blir invandringen istället en vinstaffär med ungefär en procent av BNP.

Att dagens flyktinginvandring utgör en kostnad som hotar välfärden är helt enkelt fel.

Vägen framåt är därför med Joakim Palmes ord, att i stället fokusera på hur vi kan leva tillsammans.

7.6 Över tid väger de positiva effekterna av invandringen över de negativa (2019)

Ellen Percy Kraly och Pieter Bevelander har beräknat att nästan 260 miljoner internationella migranter bor utanför sitt födelseland, vilket ger en negativ bild av de kostnader migration har för mottagande länder, städer och samhällen.

Ellen Percy Kraly och Pieter Bevelander, migrationsforskare vid Malmö universitet

Motivet för många som migrerar är att arbeta eller för att finna säkerhet. Detta visar siffror från FN. Invandrarna kan få en negativ bild av de kostnader migration har för mottagande länder, städer och samhällen. Två tredjedelar av Europas internationella migranter, är från andra europeiska länder[58].

Tre exempel på saker som forskningen har kunnat konstatera om migration:

1. Migrationsforskningen har klargjort vad som driver internationell migration och hur detta påverkar

skickande samt mottagande länder och städer. Migranter ser ofta möjligheter i mottagande länder; att deras talang, produktivitet och ofta entreprenörsanda tas tillvara.

Europa har attraherat många migranter under de senaste decennierna jämfört med tidigare perioder då många européer lämnade Europa.

Det finns nischer i ekonomin som passar migranter på alla arbets- och yrkesnivåer.

2. Omfattande forskning i Europa och Nordamerika har visat vilka positiva effekter invandring och vidarebosättningar har på nationell och regional nivå. Det handlar om förbättrad ekonomi, jobbtillväxt och större investeringsnivåer.

3. Det finns alltid olikheter i invandringens effekter på arbetsmarknaden i vissa städer och yrkesgrupper. Men över tid, minst efter tio år, har de ekonomiska fördelarna vägt över de negativa för invandringen, och då även inräknat offentliga vård- och utbildningskostnader.

   Sociala effekter av invandring, exempelvis ökad kulturell mångfald, är svårare att mäta. Men historien tyder på att ett ökat idéutbyte ger samhället fördelar som större kreativitet och innovation.

4. Migrationsforskare blir allt bättre på att förutse framtida migration. Detta då världen blir alltmer sammanlänkad via delade informationsflöden, produktioner, investeringar och sociala relationer. Växande ekonomier i Asien, Latinamerika och även Afrika drar till sig migranter för sin ekonomiska tillväxt. Kanske blir det ökad konkurrens om migranter i framtiden?

Ökad förekomst av allvarliga väderomslag, ibland tillfälliga, framkallar migration från osäkra miljöer. Större globala klimatförändringar ger ofta tidsfrister under vilka förändringar i energikonsumtion och -produktion samt stads- och boendeplanering och matproduktion kan göras.

FN:s generalförsamling (2018) fastställde ett globalt ramverk för säker, ordnad och reguljär migration.

Den 19 september 2016 samlades stats- och regeringschefer för första gången någonsin på global nivå inom FN: s generalförsamling för att diskutera frågor som rör migration och flyktingar. Detta skickade ett kraftfullt politiskt budskap om att migrations- och flyktingfrågor blivit stora frågor på den internationella agendan. Vid antagandet av New Yorkdeklarationen för flyktingar och migranter erkände de 193 FN-medlemsstaterna behovet av en övergripande strategi för mänsklig rörlighet och förstärkt samarbete på global nivå[59].

Samhällsvetenskapens forskning kring migration ger en faktabaserad grund utifrån vilken vi kan göra insatta bedömningar utav migrationens roll i samhällen och ekonomier.

Migrationsforskare är beredda att bidra till dialog och debatt inom och mellan mottagande och *skickande* länder och städer. Så politiker och beslutsfattare – använd er av den samlade kunskapen!

7.7 Därför är det fel att se på invandrare som en kostnad (2020)[60]

När kvinnorna tar de lågavlönade jobben i offentlig sektor behöver inte männen göra det. På samma sätt är det när utrikesfödda tar de jobb som svenskarna inte vill ha.

Utan invandring skulle pensionsåldern höjas eller välfärden skäras ned. Invandring är enligt många en belastning för välfärden. Forskaren Joakim Ruist menar att det råder enighet i detta. Det gör det verkligen inte.

Ruist m.fl. bygger argumentationen på att rent bokföringsmässigt *studerar alla in- och utbetalningar till staten från utrikes respektive inrikes födda.* Då får invandrare utbetalat lite mer än de betalar in. Att då dra slutsatsen att invandrarna är en förlust för staten. Det är dock inte en rimlig tolkning.

Enligt debattörerna beror detta inte på att utrikesfödda får mer bidrag, utan att utrikesfödda betalar in mindre skatt än inrikes födda.

Anledningen till detta är att utrikesfödda har en lägre genomsnittlig lön än infödda. Avgörande är om invandring skapar fler lågavlönade jobb.

Antagligen skulle ingen påstå att kvinnorna är en kostnad för männen.

Om man i stället för jämförelse mellan inrikes och utrikesfödda göra exakt samma övning mellan män och kvinnor, så blir slutsatsen att det ser likadant ut. Kvinnor betalar in mindre än de får utbetalt. Alltså är kvinnor en *nettokostnad* för staten. De utrikesfödda, har i genomsnitt lägre lön och betalar därför mindre skatt.

Vem våga sig på tolkningen att kvinnor är en kostnad för män. Könsdiskriminering av kvinnor i offentlig sektor (låg lön) subventionerar män i privat sektor (hög lön), som inte behöver betala fullt pris för de välfärdstjänster de konsumerar.

Vi kan inte välja bort kvinnor, men vi kan välja att inte ha invandring. Underförstått, låt oss åtminstone slippa den ena *nettokostnaden*.

Vi kan inte välja bort är det arbete kvinnor utför. Skulle det inte finnas kvinnor som tog jobben i offentlig sektor skulle männen vara tvungna att göra det. Samma sak med utrikesfödda. Skulle inte utrikesfödda utföra en stor del av de lägst betalda jobben i offentlig och privat servicesektor skulle svenskfödda får göra detta.

Den offentliga *nettokostnaden* är när staten omfördelar mellan låg- och höginkomsttagare. Så länge staten gör det kommer låginkomsttagare vara en *nettokostnad*.

7.8 Flyktingkrisen blev en ekonomisk framgång (2021)[61]

Det svenska flyktingmottagandet 2015 blev en smärre ekonomisk succé. Det kan vara kungarikets bäst bevarade hemlighet. Budgetunderskott är livsfarligt och att invandrare, särskilt flyktingar, innebär en *belastning*, för att använda moderatledaren Ulf Kristerssons ord.

Ur ett statsfinansiellt perspektiv har man räknat på hur mycket skatt invandrare betalar i förhållande till de stöd de får.

Men titta på siffrorna.

- 2016–2018 gjorde staten hela tiden överskott.
- 2017 kunde Magdalena Andersson konstatera att staten inte lånat en krona, utan tvärtom fortsatt att betala av på statsskulden.

Sverige fick ett tillskott av arbetskraft, som kommer att mildra de demografiska problemen de närmaste årtiondena.

8 INVANDRINGSKRITISKA ARTIKLAR

Det finns ett antal rapporter som kritiserar invandringen. För att inte framstå som invandrarfientliga, hänvisar man till migrationens kostnader och hävdar att vi inte har råd med denna kostnad.

8.1 Asylkostnad på rekordnivå till 2020 (2016)

Asylmottagningen kostade nästan 50 miljarder kronor mer årligen före den stora flyktingvågen 2015[62].

Det reformutrymme har naturligtvis blivit mindre, säger finansminister Magdalena Andersson (S).

Efter 2020 väntas statens kostnad för asylmottagning och integration sjunka till lägre nivåer.

Finansministern konstaterade att staten skulle ha sparat mer om migrationskostnaderna hade varit lägre.

De offentliga finanserna hos staten och kommunerna beräknades att gå med underskott fram till 2019, enligt regeringens ekonomiska vårproposition.

Regeringens beräkningar bygger på Migrationsverkets bedömning med 100 000 asylsökande 2018 och 75 000 årligen fram till och med 2020.

Miljarder behövs för att klara boendekostnader för, och ersättningar till, asylsökande.

SD:s ekonomisk-politiske talesperson Oscar Sjöstedt anser att Migrationsverket borde få klara sig utan en sådan stor anslagshöjning, dock utan att precisera hur det ska gå till.

8.2 Invandringens direkta kostnader ökar till 71 miljarder (2016)

Totalt kommer de direkta kostnaderna för invandringen till Sverige att bli mer än 71 miljarder för 2016[63].

På bara ett halvår har anslagen i budgeten nästan fördubblats vad gäller utgifter kopplade till invandringen till Sverige. De direkta kostnaderna för migrationen beräknas nu vara så stora att de överskuggar ett antal andra utgiftsområden för 2016-2019.

Jimmie Åkesson:

- *Sedan i fjol dubblerar nästan regeringen de sammantagna och direkta invandringspolitiska anslagen 8 (migration), samt 13 (etablering). Över 300 mdkr budgeteras nu för dessa områden under år 2016-2019. Detta motsvarar mer än hela det statliga anslaget för hälso-, sjukvård och social omsorg under motsvarande period, vilket tydligt visar hur denna regering väljer att prioritera*, skriver Åkesson.

8.3 Invandringen är inte lönsam (2020)[64]

Invandrare har högre arbetslöshet och lägre genomsnittlig lön än infödda. Lägre lön genererar lägre skatt. Detta ökar påfrestningarna för välfärdsstaten.

Invandrare arbetar och betalar skatt som samhället sedan använder för att trygga pensioner, vård och omsorg för pensionärer. Tvärt om. Hade vi inte tagit emot så många invandrare hade Sverige inte kunnat täcka hålet som en åldrande befolkning innebär med kraftigt höjd pensionsålder, kortare semester och nedskärningar i välfärden som enda alternativ. Problemet är att invandringen till Sverige har inte varit, och är inte, ekonomiskt lönsam.

Invandringen påstås bidrar till att försörja Sveriges pensionärer. Man påstår att utrikes födda arbetar mer än inrikes födda. Eftersom gruppen invandrare i genomsnitt är yngre än gruppen svenskfödda så kommer gruppen invandrare kunna försörja den senare gruppen när den går i pension. Problemet är bara att det inte kommer bli så.

Studien från Expertgruppen för studier i offentlig ekonomi av Joakim Ruist prognostiserade att kostnaden för utrikesfödda år 2018 till över 50 miljarder per år. Flyktingmottagandet kan alltså inte motiveras på ekonomiska grunder för den inhemska befolkningen.

En större flyktingmottagning ökar påfrestningarna för välfärdsstaten – tvärtemot vad debattörerna från Arena idé hävdar.

Kostnaden för en ohållbar migrationspolitik bärs främst av arbetarklassen i städer som Borlänge, Eskilstuna, Växjö med mera, samt i utsatta områden i storstäder.

Mer välbeställda bor ofta i områden separerade från flyktinginvandring och arbetar i branscher som ofta inte märker av en ökad segregation.

8.4 Varför är inte invandringen lönsam? (2018)[65]

Vad kostar invandringen? Kostnaderna måste rimligtvis ställas mot intäkterna, men varför är det så svårt att erkänna och kartlägga kostnaderna?

Moderaterna har konstaterat att invandringen inte är lönsam. Detta visste Sverigedemokraterna när partiet började sin resa i politiken.

Alternativa frågor:

- Vad kostar invandringen totalt?
- Vad är de årliga kostnaderna totalt för svenska skattebetalare för invandringen?
- Hur stora är kostnaderna årligen för den svenska statsbudgeten att totalt ombesörja omhändertagandet av invandrarna?

För att kunna beräkna de årliga kostnaderna för invandringen tog skribenten hänsyn till främst följande utgiftsposter:

De totala årliga kostnaderna

- för statens invandrarverk (numera migrationsverk),
- konsultarvoden
- hyreskostnader för flyktingförläggningar,
- flyktingmottagningen med all den service och transporter som är förenad därmed,
- utvisning och efterspaning av asylsökanden som fått sin ansökan om asyl avslagen och erhållit utvisningsbeslut.
- tull, gränspolis och hela den rättsliga apparaten,
- advokatarvoden, som ställs till varje asylsökandes förfogande,
- för utbildning av sådan personal som helt eller

delvis knyts till invandrarbyråkratins olika förgreningar.

- invandrarnas bosättning,
- bosättningsbidrag eller bosättningslån, som ofta bestridits av de sociala myndigheterna.
- kostnaderna för den skadegörelse som invandrarna åsamkar fastighetsbolagen och de kommunansvariga.
- kriminalitet som begås av invandrare med eller utan svenskt medborgarskap och deras barn, för trafikolyckor,
- anlagda bränder och annan svårare skadegörelse som anstiftare eller medskyldiga,
- för speciellt skadeverkande kriminalitet som narkotikalangning, prostitution
- illegala spelklubbar där invandrare är inblandade.
- invandrarnas socialbidrag,
- arbetslöshetsersättning,
- sjukbidrag
- den offentliga sjukvården och andra bidrag med offentliga medel.

I Expressen den 30 november 2002 framkommer att de områden som befolkas av invandrare har flest sjukdagar per år och försäkrad i Stockholms län.

Fakta: Sjuktalet

- Snittet för den svenska sjukfrånvaron ligger på 12,8 dagar per år.
- För personer mellan 60–69 är den 17,8 dagar per år.
- För personer som saknar gymnasieutbildning 21,8 dagar per år.
- Utrikes födda med vistelsetid i Sverige över tio år har ett sjuktal på 17,2 dagar.
- Mer än 9 av 10 förvärvsarbetande har dock inte några ersatta sjukpenningdagar alls under ett år.

Siffrorna bygger på en uträkning där sjukdagarna relateras till dem med en mer fast förankring på arbetsmarknaden, istället för till hela befolkningen i arbetsför ålder, vilket sägs ge en mer rättvisande bild.

Källa: Försäkringskassan

I Fackförbundet ST/Press nr 12/06 står att invandrade kvinnor har högre sjukfrånvaro och förtidspensionärer än ursprungsbefolkningen. I samma tidning står att de som upplever att de är diskriminerade har fler sjukdagar än andra.

Varför har det varit så svårt att se kostnaderna? De är ju så uppenbara för var och en som har sina sinnen i behåll.

Frågan om de summor som invandrarna genom produktiva arbetsinsatser och skatteintäkter tillför det svenska folkhushållet granskas.

8.5 Professor: Inget tyder på att invandringen någonsin blir lönsam (2020)[66]

Det är osannolikt att invandringen från tredje världen någonsin kan bli *lönsam på sikt*. I själva verket tycks arbetslösheten bland grupperna förbli konstant och situationen riskerar snarare att försämras, enligt Mats Hammarstedt, professor i nationalekonomi.

Mats Hammarstedt anser att resultaten är i princip samstämmiga från de vetenskapliga studier som ägnats åt frågan om invandringens påverkan på Sveriges offentliga finanser:

- *Varje år omfördelar den offentliga sektorn resurser från inrikes födda till utrikes födda, och den långa tid det tar för flyktinginvandrare och deras anhöriga att etablera sig på arbetsmarknaden gör att flyktinginvandringen innebär en kostnad för de offentliga finanserna även lång tid efter det att flyktingarna invandrat till Sverige.*

År 2019 var drygt 230.000 personer i Sverige födda i Afrika och omkring 780.000 födda i länder i Asien och Mellanöstern.

För dessa personer har nivån på arbetslösheten varit nästan samma mellan 2010 och 2019, trots att grupperna under perioden närmast fördubblats i storlek.

Argumentet att *initialt innebär invandring en nettokostnad för de offentliga finanserna, men på lång sikt leder invandringen till vinste*r tycks inte stämma i dagens situation, enligt Mats Hammarstedt.

- *Med omfattande invandring och hög arbetslöshet i de grupper som växer i storlek är risken uppenbar att det som brukar benämnas 'lång sikt' aldrig infinner sig för samhället. Istället riskerar problemen att förvärras på sikt eftersom nya människor hela tiden ska integreras och arbetslösheten i de växande grupperna i stort sett är oförändrad*, skriver professorn i Dagens Industri.

8.6 Invandringen är ännu dyrare än du tror (2021)[67]

Invandringen kan vara dyrare än till och med de flesta invandringskritiker inser. En stor del av migrationsnotan betalar du antagligen från din redan beskattade lön, skriver John Gustavsson, filosofie doktor i nationalekonomi.

När migrationens kostnader granskas så pratar man nästan alltid om hur mycket den kostar den offentliga ekonomin. Svaret du får beror på vem du frågar, och vilka kostnader man räknar som migrationsrelaterade.

Det finns också dolda utgifter utöver de som betalas via skatten och som vanliga människor också måste stå för som en konsekvens av migrationspolitiken.

Migrationspolitiken har gjort många tidigare trygga stadsdelar till så kallade *utsatta områden*. Medborgare tvingas flytta till dyrare områden för att få samma trygghet som de tidigare haft. Detta är ett exempel på en dold migrationskostnad.

I sjukvården finns ett annat exempel annan kostnad. Sveriges invandringspolitik medfört längre vårdköer. Längre vårdköer kan leda till mänskligt lidande, men också till förlorade intäkter.

Säkerhet – lås, larm, kameror och andra anordningar – är ett område där svenskar satsar allt mer pengar. Denna trend är en direkt konsekvens av den otrygghet som brett ut sig i spåret av den oansvariga invandringspolitiken.

Försäkringsbolagen har noterat den växande otryggheten, vilket är en stor anledning till att hemförsäkringarna snabbt blivit dyrare de senaste åren. Ännu en dold kostnad.

9 INVANDRINGSNEUTRALA ARTIKLAR

Det finns ett antal artiklar, som redovisar olika kalkyler utan att ta ställning för eller emot invandringen.

9.1 Det här är kostnaderna per flykting (2016)[68]

Lina Aldén och Mats Hammarstedt vid Linnéuniversitetet har i en studie granskat flyktingarnas nettokostnader på offentliga finanser och använt de faktiska intäkter och kostnader per person och över längre tid.

Studien har gjorts på alla flyktingar till Sverige mellan 2005 och 2007 och följer i fortsättningen varje flyktings offentliga nettokostnader från att denne folkbokförts fram till och med 2012.

Rapporten gavs ut och forskningsstudien är den första i sitt slag i Sverige.

- *Det finns en del tidigare forskning, dock ingen som har följt flyktingarna över tiden, på det sätt som vi gör. Så detta är första studien som gör det, där man följer de här flyktingarna från det att de kom till Sverige i sju år för att se hur den här kostnaden utvecklas. Tidigare har man bara tittat på enstaka år och frågat "Hur mycket transfereringar går till flyktingar? Hur mycket skatt betalar man in?" Och det under enskilda år. Då har man också gjort det på hela den utrikes födda befolkningen. Här tittar vi bara på de som har invandrat av flyktingskäl, och följer dem över tiden efter att de blivit folkbokförda i Sverige.*

Den genomsnittliga nettokostnaden per flykting är 190.000 kronor för det första året efter folkbokföringen. På sitt sjunde år i Sverige är nettokostnaden per flykting 95 000 kronor. Det finns markanta skillnader mellan olika grupper i studiepopulationen avseende introduktion på arbetsmarknaden.

- *Det rör sig om skillnader mellan olika grupper av flyktingar, och det man kan säga att man vet är att det avgörande är vilken utbildningsnivå man har och hur väl man kan språket. Man ser också tendenser som att det går lite bättre för de flyktingar som kommer från Mellanöstern jämfört med de som kommer från Afrika. Men framförallt är det utbildningsnivån som är avgörande. Högutbildade flyktingar lyckas bättre än de med lite lägre utbildning. Det är de stora skillnaderna man kan se,* säger Mats Hammarstedt till Nyheter Idag.

Stora skillnader mellan män och kvinnor

Det sjunde året var knappt 60 procent av männen respektive 40 procent av kvinnorna sysselsatta. Framförallt är det gruppen lågutbildade som står för den lägsta andelen sysselsatta.

- *Högutbildade har högre kunnande, dels har de en utbildning som gör att de kan gå direkt in på arbetsmarknaden, dels har de större kompetens och möjligheter att lära sig svenska språket. De har också större möjligheter att tillgodogöra sig svenska utbildningar. Det är en mängd olika faktorer som gör att det är så, men att det finns stora skillnader är klarlagt. Ungefär en fjärdedel har hög, det vill säga eftergymnasial utbildning och lika många har låg, det vill säga grundskoleutbildning eller lägre, så det är många lågutbildade som kommer också.*
- *Sen finns det också stora skillnader vad gäller sysselsättningsgrad mellan män och kvinnor. Män kommer i arbete snabbare än kvinnor om de är från länder i Mellanöstern och Afrika och man kan ha olika tankar kring vad det beror på, men det finns en könsskillnad också.*

Metodologiskt, var det svårt att genomföra själva studien?

- *Ja, det är svårt. Det vilar också på ett antal antaganden. Man måste spåra upp de här personernas transfereringar och sen måste man också fördela användandet av hur mycket tjänster man använ-*

der sig av, i vilken mån varje person har sjukvård, barnomsorg, äldrevård och sådant. Så det vilar mycket på antaganden, men sättet de gjorts på har använts förr i vetenskapliga sammanhang, och det är dessa som gett oss de här siffrorna. Men enkelt är det alltså inte, och det finns skäl att debattera hur mycket detta kostar fortfarande men vi tycker nog att detta är den bästa prognos som har gjorts.

Kostnader för flyktingarnas behov av sjukvård och äldrevård, skola och barnomsorg, kriminalvård och rättsväsende, integrationspolitiska åtgärder och arbetsmarknadspolitik har också beaktats.

9.2 Migrationen kostar mer än hela försvaret (2016)[69]

Regeringen räknar med att utgifterna för migrationen skulle ligga på 19,4 miljarder kronor. På grund av den stora ökningen av antalet asylsökande under hösten och vintern tvingas nu regeringen skjuta till ytterligare 31 miljarder, vilket är ett historiskt stort belopp i en vårändringsbudget.

De extrapengar som nu läggs på migrationen gör att utgiftsposten ökat till 50,4 miljarder kronor för 2016.

Detta är:

- Nästan 10 miljarder mer än vad hela rättsväsendet inklusive polisen kostar i år,
- Det är 2 miljarder mer än utgiften för hela försvaret samt samhällets krisberedskap under 2016.
- Dubbelt så mycket som de 26 miljarder barnbidragen kostar.

FAKTA: MIGRATIONEN OCH FÖRSVARET

- Migration 2016: 50,4 miljarder
- Rättsväsendet inklusive polis 2016: 42 miljarder
- Försvaret och samhällets krisberedskap 2016: 48 miljarder
- Assistansersättning: 26 miljarder
- Sjukpenning: 43,5 miljarder
- Förtidspension (aktivitets- och sjukersättning): 50,3 miljarder
- Garantipension: 14,3 miljarder
- Föräldraförsäkringen: 41 miljarder
- Barnbidrag: 26 miljarder
- Internationellt bistånd: 32 miljarder

9.3 Kostnaden för invandring och migration sjunker ordentligt nästa år 2017 (2016)[70]

Regeringen sparar in tiotals miljarder på migrationen 2018, det framgår av den nya budgeten.

Regeringen bedömer att 39 miljarder har satsats på migrationen under år 2017 är slut. 2018 kommer den siffran bli knappt 16 miljarder.

Det är alltså en sänkning med 23 miljarder. Även budgetposten för invandrares etablering sjunker något, med ungefär en halv miljard.

2017 minskade antalet asylsökande ordentligt, från knappt 30 000 2016 till 16 500.

9.4 Migrationen kommer att kosta 70 miljarder om året (2016)[71]

Regeringen budgeterar i vårproposition att kostnaden för migration och integration kommer att ligga på runt 70 miljarder årligen från 2017.

> *Utgifterna för ersättningar och insatser för etablering av nyanlända under utgiftsområde 13 Jämställdhet och nyanlända invandrares etablering beräknas öka från drygt 20 miljarder kronor 2016 till drygt 56 miljarder kronor 2020 till följd av det ökade antalet nyanlända.* står det i propositionen.

På frågan om regeringen skulle ha agerat tidigare för att minska antalet flyktingar till Sverige svarar Magdalena Andersson:

- *Jag tycker att Sverige ska vara stolta över allt det*

vi gjorde för att människor behöver skydd också kunde få det. Sedan har regeringen vidtagit åtgärder för att få ner antalet

Flyktingpolitikens kostnader har blivit en viktig politisk fråga och kommer att påverka nästa val.

De budgeterade kostnaderna för år 2006 var för migration och integration 8 miljarder kronor. Samma år kom Jan Ekberg fram till totalkostnader på runt 50 miljarder kronor, där dessa 8 miljarder ingick.

Två skillnader:

- Ekberg räknade på samtliga kostnader och intäkter för samtliga invandrare,
- Statsbudgeten bara räknar på nyanländas kostnader för asylsystemet de första åren.

9.5 Asylkostnaden på rekordnivå till 2020 (2016)[72]

Migrationspolitiken kommer i snitt att kosta nästan 50 miljarder kronor mer årligen Jämfört med året före flyktingkrisen, 2014.

- *Självklart, det påverkar möjligheten att genomföra reformer. Det reformutrymme som normalt sett växer fram när man har en tillväxt som nu, det blir naturligtvis mindre*, säger finansminister Magdalena Andersson (S).

År 2020 väntas statens kostnad för asylmottagning och integration sjunka från de rekordhöga nivåerna.

- *Det är inte så att man hade kunnat använda de här 50 miljarderna till andra reformer, säger Andersson, som påpekar att staten också skulle ha sparat mer om migrationskostnaderna hade varit lägre.*

Regeringen räknar med att staten och kommunerna, går med underskott fram till 2019. Samtidigt utlovar regeringen nya reformer framöver för att minska arbetslösheten och uppfylla löftet om EU:s lägsta arbetslöshet år 2020. Kommunerna ska dessutom få tio miljarder kronor från nästa år för att stärka välfärden.

Finansministern hävdar dock

- att statsfinanserna är sunda
- att det handlar om en *tillfällig kostnadspuckel*
- att hon räknar med ett överskott 2021.
- att åtstramningar i framtida budgetar på grund av flyktingkrisen är inte aktuellt.

Regeringens beräkningar bygger på Migrationsverkets

bedömningar om 100 000 asylsökande i år (2016) och 75 000 årligen fram till och med 2020.

Det finns även en del mindre anslagshöjningar på grund av flyktingmottagningen. Det kan behövas pengar till skollokaler, språkundervisning, snabbare bedömningar av flyktingars utbildning, samt mer resurser för att öka tryggheten på asylboenden.

9.6 Harvardprofessor: Ni måste inse att invandring kostar (2018)

Många världsledare, affärsmän och andra kända personer har studerat vid Harvard. Alla som vill sätta sig in i invandringens ekonomiska konsekvenser måste förhålla sig till vad professor George Borjas har att säga. Större vetenskaplig auktoritet på området finns knappast. Hans forskning har dock blivit ifrågasatta. Vem vinner på invandringen och vem förlorar?[73]

Professor George Borjas arbetsmarknadsekonom, med särskild inriktning på migration

George Borjas har ägnat en stor del av sitt forskarliv åt att undersöka ekonomiska fördelar och nackdelar med migration.

Vilka är vinnarna

- Så vilka vinner på invandringen?

- *Bland amerikaner är vinnarna främst de som utnyttjar de lågutbildade invandrarnas tjänster, i synnerhet som detta sker till mycket låga löner. I stor utsträckning gäller det företag inom tjänstesektorn som hotell, restauranger och taxirörelser. Genom invandringen ökar den grupp som de kan plocka från – och de tjänar på att kunna välja och vraka.*

I medelklassen tar man hjälp med sådant som andra kan ta hand om, enligt George Borjas. Det gäller matlagning och städning, barnpassning och trädgårdsskötsel.

USA:s totala ekonomi är 11 procent större per år än den annars skulle ha varit till följd av invandringen.

George Borjas har studerar hur olika variabler samvarierar historiskt till följd av invandring.

- *Som ekonomer vet vi att vinsterna av invandring brukar vara större än förlusterna. USA:s ekonomi har som helhet vunnit på att få ett tillskott av arbetskraft.*

Vid ökad specialisering kan högutbildades kompetens utnyttjas bättre. Exempelvis kan den skickliga läkaren hinna med fler operationer, om enklare uppgifter sköts av andra till lägre kostnad. Samtidigt gör många företag högre vinster än de annars hade gjort, när de kan anställa personal billigt.

Vilka är det som förlorar?

- *Främst de många inhemskt födda som är lågutbildade och därför har tillgång till en begränsad del av arbetsmarknaden. Där möter de en ökad konkurrens om jobben, samtidigt som dessa jobb av andra skäl blir färre.*
- *Invandringen bidrar till en mer ojämn inkomstfördelning. Högkvalificerade personer får det bättre, medan lågkvalificerade får det sämre.*

Jennifer Hunt professor vid Rutgers universitet i USA

- Nästan alla vinner på invandringen[74]
- Hela ekonomin gynnas av invandring.
- Det är en fördel om migranterna har låg utbildning.

Jennifer Hunt, professor vid Rutgers universitet i USA forskar kring de ekonomiska effekterna av invandring.

- **V**ilka är vinnare och förlorare på invandring?
- *Nästan alla är vinnare, som jag ser det. Den viktigaste ekonomiska faktorn är att invandrarna är annorlunda än den inhemska arbetskraften. Det ger möjlighet till ökad specialisering och att alla får*

göra vad de är bäst på. Om lågutbildade invandrare sköter de enkla arbetsuppgifterna, så kan den inhemska befolkningen klättra uppåt mot mer kvalificerade och välbetalda jobb. Det gör ekonomin effektivare, vilket alla drar fördel av.

- *I Sverige framförs det ofta som ett problem att en stor del av flyktingarna har låg utbildning. Stämmer det?*

Invandrare 16-74 år efter nationell bakgrund, utbildningsnivå, utflyttningsland och år[75]

	Förgym	Gym	Högst 3-	Minst 3+	Fo	Okänt	Totalt
Europa	5,3%	13,9%	14,3%	23,9%	2,5%	40,0%	31 325
Asien	15,5%	13,1%	15,6%	23,1%	1,6%	31,2%	34 489
Afrika	30,4%	16,1%	12,5%	13,8%	0,6%	26,7%	7 585
Nordamerika	2,8%	7,8%	16,8%	37,8%	4,7%	30,0%	2 558
Sydamerika	20,9%	12,6%	16,4%	39,9%	3,0%	23,3%	1 911
Oceanien	2,8%	7,2%	14,6%	32,2%	7,0%	36,2%	500
Totalt	12,1%	13,5%	14,8%	23,5%	2,0%	34,1%	78 368
Sverige	17,4%	43,7%	15,0%	22,7%	1,2%	2,9%	7 205 204

Förgym = Förgymnasial utbildning
Gym = Gymnasieutbildning
Högst 3- = Högst 3 års akademisk utbildning
Minst 3+ = Minst 3 års akademisk utbildning
Fo = Forskarutbildning

- *Normalt sett skulle jag säga att det är en fördel*

om invandrarna har låg utbildning. Det öppnar upp för nya typer av tjänster som städning, trädgårdsarbete eller att bära andras väskor, svarar Jennifer Hunt

Om det kommer fler invandrare som sänker priset på vissa tjänster, så ökar även efterfrågan på inhemsk arbetskraft, tillägger hon.

- *Om man tänker sig en kloning av svenskarna, så att de blir dubbelt så många, skulle ekonomin inte utvecklas av detta. Arbetslösheten skulle vara lika hög och inkomsterna de samma, fastän med fler människor.*
- *Det är när invandrare skiljer sig från den inhemska befolkningen och tillåter de infödda att göra vad de är bäst på som de positiva resultaten syns,* betonar hon.
- Vilka drar störst fördelar av invandring?
- *Företag är de största vinnarna på ökad invandring. De kan dra nytta av lägre betald arbetskraft, särskilt i USA där vi har låga minimilöner.*
- Innebär inte det samtidigt att vi får större klasskillnader?
- *Det är sant att samhället kan bli mer ojämlikt, särskilt om de som kommer är flyktingar med låg utbildning. Men det betyder inte att skillnaderna ökar inom den inhemska befolkningen.*

- Hur påverkas ett land som Sverige där inkomstfördelningen är relativt jämn?
- *I Sveriges fall skulle man kunna säga att lågutbildade flyktingar blir ett tillskott till den grupp som står längst ner på inkomstskalan. Men det drar inte automatiskt med sig de inhemskt födda nedåt. Att samhället blir mindre jämlikt beror i stället på att en ny bottennivå, som består av de nyanlända, uppstår.*
- Är lägre löner för de lägst betalda, som en del propagerar för i Sverige, en lösning?
- *I Sverige där ni inte har minimilöner oroar jag mig framför allt för förmågan att skapa nya jobb, inte för lönen för de jobb som redan existerar. Jag tror det viktigaste är att tänka brett på hur lågutbildad arbetskraft ska kunna komma in i ekonomin och på vad som hindrar det från att hända. Det är inte så lätt som att bara sänka de lägsta lönerna för jobb som redan finns.*
- Vilken skillnad gör det i ekonomin om de som kommer är flyktingar eller ekonomiska migranter?
- *Medan man på förhand kan göra någon typ av kostnads-intäktsanalys för ekonomiska migranter, är det inte lika lätt med flyktingar. Det finns färre studier om dessa och det är svårt att karaktärisera dem som grupp. Ofta kommer de, liksom ekonomiska migranter, från fattigare förhållanden –*

men inte alltid. Dessutom har den nuvarande flyktingvågen varit oväntad. Därför har varken samhället eller företagen hunnit anpassa sig, vilket kan göra de negativa effekterna på kort sikt större.

Det mest konkreta för att underlätta integrationen är att se till att de lär sig språket.

Jennifer Hunt menar att man kan betrakta flyktinginvandringen ur tre aspekter.

- *Hur bra det går för flyktingarna jämfört med om de hade stannat i hemlandet? Ju bättre de lyckas, desto lättare blir det för den inhemska befolkningen att acceptera dem.*
- *Den andra aspekten är vilken effekt invandringen har på de som redan är bosatta i landet. Här kan det variera mellan olika grupper. Men de allra flesta påverkas inte negativt,* hävdar hon.
- *Slutligen handlar det om effekterna på de offentliga finanserna. De kan försämras av att de nyanlända behöver olika former av bidrag. Men på längre sikt kan de offentliga finanserna också förbättras, förutsatt att invandrarna hittar ett jobb och betalar skatt.*

9.7 En lönsam invandrare bär sina egna kostnader (2018)

För att invandring inte vara en belastning och bli lönsam för ett land måste invandrarna åtminstone kunna bära sina egna kostnader. Tyvärr är inte detta fallet i Sverige. Endast några få procent av de afghanska männen klarar av sin gymnasieutbildning.

Vi behöver en annan migrationspolitik om vi vill få en gynnsam ekonomisk utveckling. Kanada kan tjäna som ett exempel på det. Man handplockar immigranter med attraktiva utbildningar och eftersträvar en jämn balans mellan kvinnor och män[76].

Ett mansöverskott leder till ökat våld mot kvinnor, ökad sexhandel och mindre rörelsefrihet för kvinnor.

En ytterligare faktor som kommer att öka statens utgifter är den anhöriginvandring som vi kan förvänta oss under de närmaste åren.

9.8 Vad kostar flyktinginvandringen (2018)

Flyktingar betalar in betydligt mindre skatt än inrikes födda, och får mer bidrag, t.ex. försörjningsstöd, och konsumerar ungefär lika mycket välfärd som inrikes födda då vi har en välfärdsstat[77].

Migrationsforskaren Joakim Ruist:

- *Enligt resultaten nådde omfördelningen genom den offentliga sektorn från den övriga befolkningen till flyktinggruppen upp till motsvarande 1 procent av BNP år 2007, och beräknas komma att motsvara cirka 1,35 procent av BNP år 2015. Nettokostnaden för flyktinginvandringen är något större än den för det internationella biståndet. Huvudförklaringen till att det blir en nettokostnad är flyktingars låga sysselsättningsnivåer.*

Kostnaderna ökar kraftigt i samband med flyktingkrisen, men har börjat vända neråt. 2017 kostade mottagningen 40 Miljarder kr. Nyanländas etablering kostade 23,9 Miljarder kr 2017.

Totala kostnader är då uppe i ungefär 110 Miljarder kr för 2017. De uppstår också extra kostnader i samband med stor befolkningsökning. Man måste bereda plats för skolor i redan bebyggda områden osv.

Kostnaderna per år i storleksordningen 5,5 procent av den totala budgeten eller de totala skatteintäkterna.

Kanske uppkommer stora positiva effekter av invandring, som ökad export till migranternas ursprungsländer. I Sveriges fall handlar det om fattiga ursprungsländer, som inte kommer att handla mycket av Sverige. Det kan också finnas stora negativa *dynamiska effekter* i form av minskad tillit och samarbetsvilja i samhället. Dessa dynamiska effekter har dock inte uppstått.

10 SÅ FÖRSÖRJER SIG FLYKTINGAR DE 15 FÖRSTA ÅREN I SVERIGE (2019)[78]

Över 30 000 flyktingar i åldern 18–49 år invandrade 1997–2001. Den vanligaste huvudsakliga inkomstkällan deras första 15 år i Sverige var arbete.

Efter 1970-talet minskade arbetskraftsinvandring I stället utgjordes en större del av dem som invandrade till Sverige var asylsökande.

SCB har granskat invandrarnas flyktingskäl och vad de försörjde sig sina första 15 år i Sverige. I studien ingick 14.650 kvinnor och 15.900 män.

Utvandringsländer:

- Lite över 60 procent av dessa var medborgare i något asiatiskt land. Flest var de irakiska medborgare.
- Därefter följde europeiska flyktingar med nästan 30 procent, främst från forna Jugoslavien.
- 8 procent var medborgare i ett afrikanskt land.
- 2 procent i ett nord- eller sydamerikanskt land.

Många har arbetat minst tre år

SCB har studerat hur stor andel som hade en viss sorts inkomst i minst 3 av de 15 åren.

- Totalt 63 procent av kvinnorna och 75 procent av männen hade i minst tre år fått sin största inkomst från arbete.
- Kvinnorna i denna grupp hade i genomsnitt haft arbete som den största inkomstkällan i 8,4 år. För männen var det 9,6 år.
- Näst vanligast var ekonomiskt bistånd. Det hade drygt hälften haft som sin största inkomst i minst tre år.
- Bland kvinnorna var andelen 56 procent och bland männen 51 procent.
- Många fick ekonomiskt bistånd de första åren efter invandringen. Det beror på att i ekonomiskt bistånd ingår en särskild introduktionsersättning för flyktingar (från 2011 etableringsersättning). De pengarna ska försörja nyanlända som går förberedande utbildningar eller lär sig svenska. Tiden med ekonomiskt bistånd var i genomsnitt kortare än tiden med förvärvsinkomst.
- Bland kvinnor var det relativt vanligt med inkomster från vård av barn eller anhörig, som föräldrapenning.
- 20 procent av kvinnorna hade det som sin huvudsakliga inkomst under minst tre år. Bland männen var det 1 procent. Det var även betydligt vanligare att kvinnor hade sin inkomst från studier än att

män hade det.

- Ungefär 5 procent av kvinnorna och 9 procent av männen hade arbetslöshetsersättning som sin största inkomst i minst tre år.
- Inkomsten kan även komma från sjukpenning eller sjuk- och aktivitetsersättning. Ungefär var tionde man och kvinna hade det som sin största inkomstkälla i minst 3 av de 15 åren.

Mer ekonomiskt bistånd bland de äldre

Det finns vissa skillnader som beror på hur gamla de var när de invandrade. Det är de yngsta männen som i störst utsträckning haft arbete som inkomst.

Det handlar om män som invandrade när de var 18–24 år. I de äldre grupperna sjunker andelen med stigande ålder.

För kvinnor ligger andelen med förvärvsinkomst klart lägre i den grupp som invandrade i åldern 40–49 år.

11 VAD KAN VI VÄNTA OSS DE NÄRMASTE ÅREN

Vanligtvis kan vi inte i förväg få en uppfattning om kommande flyktingkatastrofer. Vi vet dock att mängden klimatflyktingar kommer att öka. Vi har redan påverkat klimatet så mycket att klimatflyktingar är och kommer att vara en realitet många år framåt.

Begreppet *klimatflyktingar* är omtvistat eftersom en flykting är en person som omfattas av flyktingkonventionen.

Att fly från sitt hem på grund av klimatorsaker som torka, översvämning innebär att de inte har samma rättigheter som en person som flyr från konflikt.

Redan år 2050 beräknas klimatdriven migration leda till fler än 200 miljoner så kallade *klimatflyktingar.*

I takt med att klimatet förändras tvingas fler och fler människor lämna sina hem. De hotas av alltifrån matbrist till översvämningar och konflikter. Och de som är mest utsatta är de som bor i oroliga och fattiga områden[79].

Områden med klimatförändringar är i första hand Latinamerika, södra Asien och Afrika söder om Sahara.

Att drabbas av klimatförändringar är inte heller ett giltigt skäl för att få asyl. Ändå finns det över hela världen människor som tvingats fly på grund av torka, översvämningar eller uteblivna skördar i kölvattnet av klimatförändringar.

- *Klimatförändringarna är ett växande hot mot fred och välstånd,* sade FN:s generalsekreterare António Guterres i sitt tal under FN:s möte om klimat och hållbar utveckling 2017.

Klimatförändringarna ökar förekomsten av både plötsliga väderkatastrofer som översvämningar och stormar och mer långsamma katastrofer som torka och ökenspridning.

Klimatförändringar kan bidra till politisk instabilitet och förvärrar effekten av krig, vilket i sin tur leder till att ännu fler människor tvingas fly.

Dessa förändringar vet vi kommer, eftersom de klimatförändringar, som ger en temperaturstegring, är effekterna av vårt liv i dag.

12 SLUTSATSER

Det har presenterats en lång rad olika analyser och en stor spridning av resultaten. Det finns analyser som pekar på en stor vinst för landet och det finns lika många som visar stora belastningar för landets ekonomi. Det är förvånande att olika nationalekonomer kommer till så olika resultat.

Det är intressant att konstatera att en kostnad för invandringen och migrationen innebär en inkomst inom andra delar av samhället. Invandringen ger många arbetstillfällen.

Denna redovisning kan legitimera olika politiska ställningstagande och ger inte den tydlighet, som hade varit önskvärd.

13 LÄNKAR

[1] https://www.migrationsverket.se/Om-Migrationsverket/Migration-till-Sverige/Olika-skal-for-uppehallstillstand.html

[2] Hur mycket pengar får nyanlända personer som fått asyl? (migrationsinfo.se)

[3] http://www.etc.se/ekonomi/flyktinginvandringen-ger-100-000-tals-nya-jobb

[4]http://www.metro.se/nyheter/forsta-studien-sa-mycket-kostar-flyktinginvandringen-sverige/EVHobx!UYfvr5562RciA/

[5] http://www.svd.se/invandrarna-ar-en-vinst-for-sverige

[6] http://www.europaportalen.se/2013/06/invandringen-lonsam-affar-for-skattebetalare

[7] IRM 11 juni 2014 < https://www.interasistmen.se/invandring/sd-ljuger-om-invandrarkostnader-statskontoret-sager-ifran/>

[8] https://www.ekonomifakta.se/Fakta/Arbetsmarknad/Integration/Foretagare---utrikesfodda/?graph=/20790/1,2,3,4/all/

[9] Riksdagsval.info: Vad står de olika partierna i riksdagsvalet för?

[10] https://varuhuset.etc.se/product.html/vad-varje-manniska-bor-kanna-till-om-invandring-flyktingar-och-rasisternas-logner

[11] Johan Ehrenberg – Wikipedia

[12] Sten Ljunggren (företagsekonom) – Wikipedia

[13] Invandring till Sverige (scb.se)

[14] Beviljade arbetstillstånd 2020 - Work permits granted 2020 (migrationsverket.se)
[15] https://forum.vof.se/viewtopic.php?t=19909
[16] https://www.realtid.se/professor-invandringen-kostar-sverige-40-miljarder-om-aret
[17] OECD: Invandring en lönsam affär för skattebetalare | Nyhetssajten Europaportalen
[18] Invandring – en plusaffär för samhället? - Sida 2 (familjeliv.se)
[19] Invandring – en plusaffär för samhället | SVT Nyheter
[20] https://socialpolitik.com/2015/06/04/invandring-skafa-kosta/
[21] Invandring en bra affär för Sverige (na.se)
[22] Vad kostar invandringen? - EU-valet 2019 | Sveriges Radio
[23] Microsoft Word - Invandringenskonsekvenser140320.docx (reforminstitutet.se)
[24] https://www.friatider.se/invandringen-kostar-250-miljarder-r
[25] Jesper Strömbäck | Göteborgs universitet (gu.se)
[26] https://www.riksdagen.se/sv/dokument-lagar/dokument/statens-offentliga-utredningar/migration-en-aldrande-befolkning-och-offentliga_H3B395
[27] https://www.svd.se/hur-blir-invandringen-lonsam
[28] Rapport: Tema: Utbildning 2013:2 Den internationella undersökningen av vuxnas färdigheter (scb.se)
[29] http://www.scb.se/sv_/Hitta-statistik/Artiklar/Asylsokande-driver-pa-ekonomisk-tillvaxt/
[30] http://www.regeringen.se/rattsdokument/statens-offentliga-utredningar/2015/12/sou-201595/

[31] https://www.pensionsmyndigheten.se/nyheter-och-press/pressrum/ny-rapport-asylinvandring-starker-pensionssystemet-men-ger-lagre-pensionsokningar
[32] 900 miljarder skäl att uppskatta invandring - Arena Idé (arenaide.se)
[33] 900 miljarder skäl att uppskatta invandring (umu.se)
[34] 900 miljarder skäl att uppskatta invandring (umu.se)
[35] Välkommen, Sandro Scocco! - Vänsterpartiet (vansterpartiet.se)
[36] 900 miljarder skäl att uppskatta invandring (umu.se)
[37] https://www.aftonbladet.se/ledare/a/m6wE7g/experter-luras-om-flyktingarna
[38] Invandringen en lönsam affär för Sverige – Arbetet
[39] Invandring är ingen kostnad - Dagens Arena
[40] I SVT: Asylinvandring är en investering | Fria Tider
[41] https://www.svt.se/nyheter/inrikes/ny-eso-rapport-flyktinginvandring-en-kostnad-for-sverige
[42] https://www.svt.se/nyheter/inrikes/eso-rapporten-vacker-starka-reaktioner
[43] https://samtiden.nu/2018/06/invandringen-kostar-mycket-inget-konstigt-med-det/
[44] Microsoft Word - Hela 2018_3 (expertgrupp.se)
[45] 2018:3 Tid för integration – en ESO-rapport om flyktingars bakgrund och arbetsmarknadsetablering – ESO – Expertgruppen för studier i offentlig ekonomi
[46] https://www.svd.se/tre-miljoner-kronor-per-flykting
[47] https://www.google.com/search?client=firefox-b-d&q=R%C3%A4tt+jobb+%C3%A5t+utrikes+f%C3%B6dda+akademiker

[48] Miljardvinster om fler invandrade akademiker får jobb | Ingenjören (ingenjoren.se)
[49] rapport_ratt_jobb_utrikes_fodda_slutversion.pdf (jusek.se)
[50] http://www.svd.se/hur-blir-invandringen-lonsam
[51] http://www.etc.se/utrikes/flyktingmottagande-ger-dubbelt-tillbaka
[52] Ohållbara argument mot arbetskraftsinvandring (timbro.se)
[53] Global migration – orsaker och konsekvenser - SNS
[54] Flyktingarna kostar läskigt mycket - men vi har råd (aftonbladet.se)
[55] Flyktingar räknas ge dubbelt tillbaka till Europa | SvD
[56] "Invandringen har gett en nettovinst som inte kan överskattas" | SVT Nyheter
[57] https://www.arbetsvarlden.se/ledare/att-flyktinginvandringen-skulle-hota-valfarden-ar-helt-fel/
[58] "Över tid väger de positiva effekterna av invandring över de negativa." – HD
[59] https://www.iom.int/global-compact-migration
[60] Därför är det fel att se invandrare som en nettokostnad (expressen.se)
[61] https://www.aftonbladet.se/kultur/bokrecensioner/a/lzwawL/flyktingkrisen-blev-en-ekonomisk-framgang
[62] https://www.svd.se/asylkostnad-pa-rekordniva-till-2020
[63] Invandringens direkta kostnader ökar till 71 miljarder för i år – Nu dyrare än sjukvård och omsorg - Nyheter Idag

[64] Invandringen är inte ekonomiskt lönsam, Sandro Scocco (expressen.se)
[65] https://samtiden.nu/2018/02/varfor-ar-inte-invandringen-lonsam/
[66] Professor: Inget tyder på att invandringen någonsin blir lönsam | Fria Tider
[67] DEBATT: Invandringen är ännu dyrare än du tror - Nyheter Idag
[68] Det här är kostnaden per flykting — "Första svenska studien i sitt slag" enligt Mats Hammarstedt, professor i nationalekonomi - Nyheter Idag
[69] Migrationen kostar mer än hela försvaret | SVT Nyheter
[70] Kostnaden för invandring och migration sjunker ordentligt nästa år (nyheter24.se)
[71] Migration kommer kosta 70 miljarder om året (aftonbladet.se)
[72] Asylkostnad på rekordnivå till 2020 | SvD
[73] Harvardprofessor: "Ni måste inse att invandring kostar" - DN Fokus
[74] Jennifer Hunt: "Nästan alla vinner på invandringen" - DN Fokus
[75] Befolkningens utbildning (scb.se)
[76] En lönsam invandrare bär sina egna kostnader (expressen.se)
[77] Vad kostar flyktinginvandringen? – Faktafabriken
[78] Så försörjde sig flyktingar de 15 första åren i Sverige (scb.se)
[79] Ändrat klimat driver människor på flykt - Naturskyddsföreningen (naturskyddsforeningen.se)